写给孩子的数理思维课

[日]伴度 著
[日]渡边美智子 审校
李镜湖 译

天津出版传媒集团
天津科学技术出版社

著作权合同登记号　图字：02-2023-187

图书在版编目（CIP）数据

写给孩子的数理思维课 / (日)伴度著；李镜湖译
. —— 天津：天津科学技术出版社, 2023.12
　ISBN 978-7-5742-1670-9

　Ⅰ.①写… Ⅱ.①伴… ②李… Ⅲ.①统计学 – 青少
年读物 Ⅳ.① C8-49

中国国家版本馆 CIP 数据核字 (2023) 第 208478 号

写给孩子的数理思维课
XIEGEI HAIZI DE SHULISIWEIKE
责任编辑：刘　颖

出　　版：	天津出版传媒集团	
	天津科学技术出版社	
地　　址：	天津市西康路 35 号	
邮　　编：	300051	
电　　话：	（022）23332372	
网　　址：	www.tjkjcbs.com.cn	
发　　行：	新华书店经销	
印　　刷：	唐山富达印务有限公司	

开本 880×1230 1/32 印张 4 字数 71 000
2023 年 12 月第 1 版第 1 次印刷
定价：50.00 元

未来生活中，数理思维将是人们强大的武器！

　　世界上很多人使用手机，使用搜索引擎，通过购物网站买东西。大家都浏览社交软件，在上面发布文章。

　　例如，人们用谷歌进行搜索，谷歌就能收集"什么人搜索了什么内容"的数据。人们在亚马逊平台上购物，亚马逊就能收集"什么人在什么时间买了什么东西"的数据。这样收集起来的巨量数据被称为"大数据"。信息技术公司运用统计学知识对从全世界收集到的大数据进行分析，以开发新的服务或用其预测未来。信息技术领域是拥有统计学知识的人活跃的领域。越来越普及的 AI（人工智能）也植入了让电脑自主分析大量数据、根据其结果进行判断的统计学算法。

　　当今世界中，甚至有人认为"数据是能够解决社会问题、带来财富的 21 世纪新资源""胜利属于掌控数据的人"。为此，从三十年前起，许多国家开始重视对数理统计的学习，并在各教育阶段中加入了统计学的相关知识。翻开美国、英国、中国、新加坡等国家的小学教科书，我们会发现数理统计方面的内容多得令人震惊。

从"查询"统计数据到从数据中"提取"信息，再到使用数据"解决身边问题"，数理思维发挥着重要作用。因此，数理思维是每个人在生活中都能用得上的强有力"武器"。

数据是 21 世纪的刀，而会分析数据的人是 21 世纪的武士。

—— 谷歌前 CEO（首席执行官）埃里克·施密特

希望这本书能让你对统计学产生兴趣，培养你的数理思维。让我们一起打开本书，一同享受更多统计学的乐趣吧。

庆应义塾大学研究生院教授

渡边美智子

专 栏

第 3 章

从发现问题到解决问题的 PPDAC 循环

第 **4** 章

来看看各种各样的统计数据吧

第 5 章

当心被骗！数据里是有陷阱的！

来思考

与数字有关的

一些事吧

你知道"以下"与"未满"的区别在哪儿吗？

包含作为基准的数值 → **以下** / **以上**

例：10 以下

→ 10 与 9、8、7……

例：10 以上

→ 10 与 10、11、12、13……

不包含作为基准的数值 → **未满** / **超过**

例：未满 10

→ 9、8、7……

例：超过 10

→ 11、12、13……

"以下"和"以上"包含那个数，
而"未满"和"超过"则不包含。
一定要记清它们的区别！

? 想一想

● 如果标记为"未满 20 岁不得饮酒"，那 20 岁的人究竟可不可以喝酒呢？

★ "以上" 和 "以下" 是包含那个数的！

假如妈妈说："如果考试分数在 80 分以下，明天就不可以玩游戏！"而第二天发下来的考卷上写着"80 分"，究竟能不能玩游戏呢？

用 "以下" 这个词时，是包含这个数的。所以在说 "80 分以下" 时，也包含 80 分，这时就玩不了游戏了。

如果妈妈说的是 "如果考试分数未满 80 分，明天就不可以玩游戏！"，"未满"不包含这个数，因此考 80 分可以玩游戏。

"80 分以上""超过 80 分"也是同样的道理。"以上"包含这个数，而"超过"则不包含。

比如，酒类的包装上通常印有"未满 20 岁者饮酒受到法律禁止"的文字，而不是"19 岁以下者如何如何"。因为如果印"19 岁以下"，可能会被误解为"19 岁以下不含 19 岁，所以 19 岁可以喝"，或使人产生"那 19 岁 5 个月就可以喝酒了"的想法而违反法律。

用符号来表示以上、以下、未满、超过

TIPS

用 "≥" 和 "≤" 表示 "以上" 和 "以下"；用 ">" 和 "<" 来表示 "超过" 和 "未满"。

"A < B" 表示的是 "A 比 B 小（不包含 B）"（A 未满 B）。

"A ≤ B" 则表示的是 "A 比 B 小（包含 B）"（A 在 B 以下）。

$A \geqslant B$ A 在 B 以上（A 大于或等于 B）

$A \leqslant B$ A 在 B 以下（A 小于或等于 B）

$A > B$ A 超过 B（A 大于 B）

$A < B$ A 未满 B（A 小于 B）

平均数与中位数有什么区别?

平均数

将所有数值相加的和除以数值个数得到的数值

（25 + 35 + 45 + 75 + 100）÷ 5 = 56分

将5个人的分数相加　　有5个人所以除以5　　平均数

中位数

将所有数值按大小排列，处于正中间的数值

● 数据个数为奇数时　　25分 35分 **45分** 75分 100分

中位数

● 数据个数为偶数时　　25分 35分 **45分 55分** 75分 100分

中位数为正中间两个数的平均数=50分

将所有数值相加，
除以数值个数得到的数值为平均数!
按大小排列，处于正中间的是中位数!

? 想一想

● 学校里的考试分数，你更关心平均数还是中位数?

★ 平均数和中位数不是一回事！

平均数和中位数粗看意思差不多，但仔细分析会发现两者差别很大。让我们好好弄清这两者的差别吧。

平均数是用数据的总和除以数据个数得到的数值。而中位数则是将数据按大小重排后，处于正中的数值。

例如：有 5 位小学生，在一次考试中分别考了 25 分、35 分、45 分、75 分和 100 分。

这时，他们分数的平均数可以这样求得：

(25+35+45+75+100)÷5=56 分

中位数是将 5 个分数按大小顺序排列后处于中间的数，此处是"45 分"。"45 分"就是整个班里排名在正中间的那位同学的分数。

这位同学考了 45 分，即便在所有同学中名次处于正中间（5 人中的第 3 名），也没有达到班级的平均分。

词汇拓展

众数

除平均数、中位数外，还有一个应当一同记住的词是"众数"。它指的是在数据中出现过最多次的数值。例如：在右图中，出现最多次的"4"就是众数。与平均数和中位数一样，众数也是数据的参考标准之一。

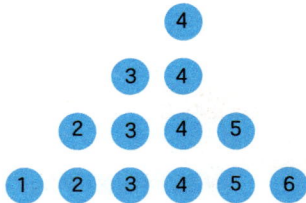

即便少于平均数，却比大多数人都更多？！

A同学
100日元

B同学
500日元

C同学
500日元

D同学
1000日元

E同学
50000日元

异常值

平均数 /10420日元

两个数天差地别！

中位数/500日元

出现最多次的数值被称为"**众数**"。这里的众数是500日元。

平均数与中位数的差别非常大时，
或许是出现了异常值！

? 想一想

● 如何区别平均数和中位数呢？
● 来思考一下众数有什么意义吧。

★ 平均数并不一定在所有人或数的正中间

对 5 位同学一个月的零花钱进行调查，平均金额是 10420 日元。D 同学的零花钱是 1000 日元，因此他对妈妈说："小伙伴们每个月零花钱的平均数是 10420 日元，我的至少该涨到 2000 日元吧。"

而妈妈却说："既然你知道了平均数，那应该也能知道中位数。如果中位数多于 1000 日元，我就给你涨零花钱。除此之外，你还要告诉我拿多少零花钱的人最多，也就是零花钱的众数。"

5 位同学的零花钱金额从少至多分别为 100 日元、500 日元、500 日元、1000 日元和 50000 日元，中位数是 500 日元，众数也是 500 日元。只有家里很富裕的 E 同学拿到了格外多的 50000 日元，造成了异常值的出现。

而另一方面，中位数是处于正中间的数，因此不会受到异常值的影响。妈妈对此心知肚明，说道："我可不会被平均数蒙骗，你的零花钱可是第二多的呢。"因此妈妈拒绝了 D 同学的涨零花钱的要求。

词汇拓展

异常值

指与其他数值差距很大的数值。平均数会受异常值的影响，而无法正确地体现整体情况。想消除这方面的影响，可以剔除异常值，或者使用不含首尾各百分之几的数值的平均数（截断平均数）。

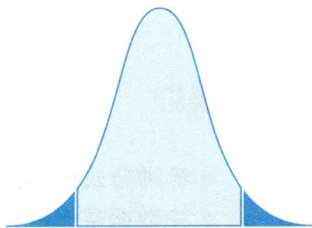

截断平均数示意图

来想想看，哪种方式更简明易懂

上星期去餐馆吃饭的次数

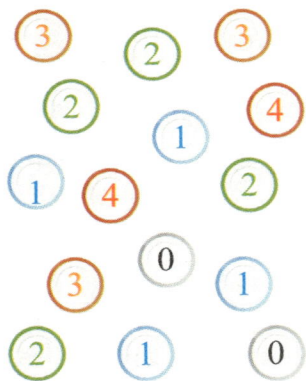

（人数）

（去餐馆吃饭的次数）

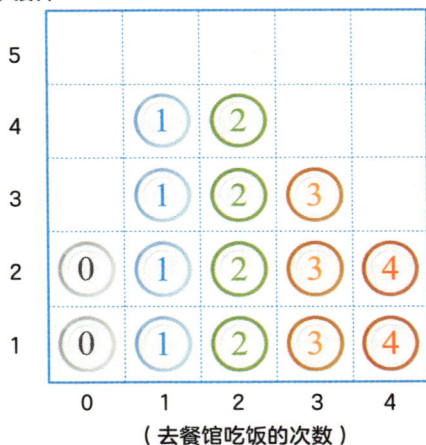

对零碎混乱的信息进行归纳整理，能让它们变得简明易懂！

右边这样看起来好懂多了！

想一想

- 哪种方式更加简明易懂？
- 将数据整理成更简明的图表有哪些好处？

★ 换一个表达方式可以让信息更简单明了！

老师向全班同学提问"上周去了几次餐馆"，每个人把答案写在餐盘形的圆圈里，就得到了上一页左侧的结果。

如果这时老师提问"去了几次餐馆的人最多"或"有多少人去了 3 次餐馆"，你能立刻回答出来吗？花时间数一数或许可以，但数据这么凌乱，应该很难在 3 秒内作答。

像左页的右侧一般，以"去餐馆次数"为横轴、"人数"为纵轴，对这些餐盘进行整理会如何呢？这下就能在 3 秒内给出"去了 1 次和 2 次餐馆的人数最多；有 3 个人去了 3 次餐馆"的答案了。

只是将数据汇集起来并不好懂，而将数据进行整理后就清晰多了。现在，我想你已经了解将调查结果告知他人时用哪种方式更好。对收集的数据进行整理，使其更加简明易懂，是件非常重要的事。

家长们每隔多久带孩子去一次餐馆？

TIPS

"每月去 2 至 3 次"餐馆的儿童占比最高（占总人数的 30.5%）

从右边的图表中可得知，约八成的儿童每个月至少会去 1 次餐馆。

- 每周 2 次以上 /9.5%
- 每周 1 次 /23.3%
- 每月 1 次 /15.7%
- 两至三个月 1 次 8.7%
- 几乎不去 12.3%

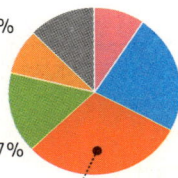

每月 2 至 3 次 /30.5%

数据出处：Mikihouse 综合研究所"带孩子去餐馆吃饭的情况调研"

来想想看可能发生了什么事吧

至10月第一周为止，感染了流感的人数

（人数）

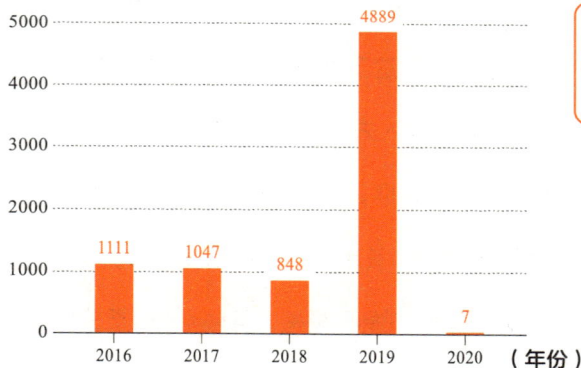

突然变少了,好奇怪哦！其中一定有什么原因！

不要只看图表本身，
来思考数值的增加和减少
背后的原因吧。

数据出处：日本厚生劳动省

? 想一想

● 已知2020年感染流感的人数急剧减少,这是为什么呢?

★ 流感人数大幅降低的原因是什么？

每年天气转冷时，都是流感的流行季。有的读者或许曾有过因流感而导致班级、年级停课甚至封校的经历。左页的图表示的是各年度 1 至 10 月第一周为止感染流感的人数累计值（参考"词汇拓展"）。

从图中能看出，2019 年的流感人数格外多。往年的流感人数一般在冬季 1 至 2 月达到峰值，这一年的流行季却早在 10 月就开始了。

引人关注的另外一点，是流感人数在 2020 年急剧减少。感染人数较少的 2018 年也有 848 人患病，2020 年却仅有 7 人。减少幅度如此之大必然有其原因。原因会是什么呢？

有没有听人叮嘱过，为了预防流感，应该"勤洗手、勤漱口、戴口罩"？在 2020 年，大家是否比起往年更加注意疾病防护了？

词汇拓展

累计值

指各个小计值累加得到的数值。例如，每天对跳绳的次数进行计数，第一天跳了 50 次，第二天是 100 次，第三天是 200 次。此时，一天中跳绳的次数就是"小计值"。累计值是开始计数那天起所有小计值的总和，这个例子中从第一天到第三天跳绳次数的累计值为 350 次。

● 跳绳的次数

	小计值	累计值
第一天	50次	50次
第二天	100次	150次
第三天	200次	350次
第四天		
第五天		

看到能体现世界现况的数字，你怎么想？

露天排便的人数（2017年）

世界总人口 **75 亿 4800 万人**中

有 **6 亿 7300 万人**露天排便。

在室外大便的人数量竟然是日本人口的5.5倍？！

WC

调查得到的数字
能帮助我们清晰地认识和理解
不曾了解的现实！

数据出处：联合国儿童基金会、世界卫生组织《饮用水与卫生的进步与差距（2000年—2017年）》、日本总务省统计局《世界性统计 2020》

想一想

● 以数字展现或不用数字，哪种方式更清晰易懂？

★ 数字有助于人们对某种现象的理解

对各位读者来说，家里有厕所是理所当然的。但看起来理所当然的事，放眼世界却未必如此。世界上有许多人家里没有厕所。

可是，我们并不清楚这个"许多人"究竟是多少人。或许是100人，或许是1万人，或许是1亿人也说不定。

此时，用数字来表达则更加清晰明了。根据联合国儿童基金会的统计，2017年时有6亿7300万人的住处及周边没有厕所，需要在路边、草丛等露天环境进行排泄。日本的总人口为1亿2600万，5倍于此的人居住在没有厕所的环境里。

像这样明确了"6亿7300万"这个数字，既可以和日本的总人口进行比较，也能计算它在世界总人口中所占的比例。最重要的是，掌握了数字，就能对数量形成概念，能够准确地理解事物。

露天排泄的人占世界总人口的比例

TIPS

露天排泄的人占比达 8.9%
（全世界大约每 11 人中有 1 人）

2017年时，全世界总人口约为75亿4800万人。世界的现状是，其中约每11人中就会有1人在室外排泄。

● 世界总人口（2017年）
75亿4800万人

---- 会露天排泄
的人 /8.9%
6亿7300万人

数据出处：联合国儿童基金会、世界卫生组织《饮用水与卫生的进步与差距（2000年—2017年）》，日本总务省统计局《世界性统计2020》

判断标准的变化导致"最多"不一样了？！

首都圈（东京都及周边七县）的交通事故死亡人数（2019年）

	千叶	东京都	神奈川	埼玉	茨城	栃木	群马	山梨
交通事故死亡人数 / 人	172	133	132	129	107	82	61	25
人口 / 万人	625.9	1392.1	919.8	735.0	286.0	193.4	194.2	81.1
每10万人口中死亡人数 / 人	2.75	0.96	1.44	1.76	3.72	4.21	3.13	3.06

"交通事故死亡人数"是千叶县最多，
但"每10万人口中死亡人数"
却是栃木县最多。

数据出处：日本警察厅《与道路交通相关的统计结果》、日本总务省《人口推算》

？想一想

- 可以说千叶县的交通事故死亡人数是最多的吗？
- 为什么东京都的"每10万人口中死亡人数"很少？

★ 究竟是哪里交通事故死亡人数更多？

左页中的表格中汇总了 2019 年东京都及周边七县因交通事故而死亡的人数信息。死亡人数最多的是千叶县。对此，或许不少人会想果然如此。而疑惑"东京都不是最多的吗"的人想必也不在少数。

可即便知道了千叶县的交通事故死亡人数较多，东京都和周边七县的人口却各不相同。东京都有 1392.1 万人，而山梨县只有 81.1 万人。东京都的人口约是山梨县的 17 倍。"每 10 万人口中死亡人数"将人口差距列入了考量。在这项数值上，栃木县的"4.21 人"无疑是第一，东京都则只有"0.96 人"。这么看来，似乎也可以说栃木县的交通事故死亡人数是最多的。

看到统计数据时，能发现不少问题。"为什么东京都的死亡人数很少？""好像总人口越少，每 10 万人口中死亡人数越多。"统计数据能让我们掌握事实。

交通事故数量的变化情况

TIPS

2019 年的交通事故数量为 38 万 1237 起
（相较前年减少 11.5%）

每年交通事故的数量相较于 2004 年的峰值（95 万 2720 起）大幅减少到了一半以下。试着调查一下其中的原因吧。

数据出处：日本警察厅《与道路交通相关的统计结果》

南丁格尔是一位统计学家?!

弗洛伦斯·南丁格尔(1820—1910)是一位英国护士,被称为"克里米亚的天使""白衣天使"。在 1853 年于克里米亚半岛爆发的克里米亚战争中,她作为一位护士像天使般照顾伤员的事迹广为人知,但她不只是护士,还是一位著名的统计学家。

在野战医院,大量伤员被接连送来,卫生条件又十分糟糕,接连不断地有人并非因伤势,而是因不良的卫生条件去世。她想改善这种状况,却没人肯听护士的意见。因此她收集了各种数据,将其整理成清晰明了的图表,最终向曾经轻视她的当局证明,"良好的卫生条件能降低死亡率"。

她提出的死亡率和平均住院日的计算方法,至今仍被沿用。她作为统计学家取得了巨大成就。人们称她为"医疗统计学之母"。

约 60 岁时的南丁格尔

令人似懂非懂的

统计

究竟是什么？

统计究竟是什么?

什么是统计?

统括 **+** 计算

统括 = 将多方面事物合在一起

人们为了解地区、社会和自然现象等,通过观察、调查、实验收集数据,然后整理并分析这些数据,让其变得清晰明了,用所得结论来解决问题或帮助预测未来,这就是统计!

人口

气温

工资

交通量

★ 统计是运用数字描述某项整体情况方法

这是一本帮助学习统计的书，但首先，统计究竟是什么意思呢？

这个问题并不简单。可以试着问问爸爸妈妈："你知道统计是什么吗？"他们应该会说知道，那就进一步提问："给我讲讲它是什么意思吧！"这时，他们恐怕就会陷入沉思："唔……该怎么说好呢？"

《广辞苑》（日本中型国语辞典）中对统计的解释是："研究个体元素在群体中的分布，并以量化、统一的方式揭示群体的取向、性质等。也指这种研究中获得的数字。"

简单来说，统计就是用数字来体现某个群体整体状况的方法。

一位同学的考试分数并不构成统计，而用全班同学的考试分数计算平均数（第5页）或制作图表，就是在进行统计了。

你知道"统计之日"吗？

10月18日是"统计之日"

1870年阴历九月二十四日，与日本第一份现代生产统计数据《府县物产表》相关的太政官布告第2号颁布。这一天所对应的阳历日期10月18日在1973年被定为日本"统计之日"。

"统计之日"的海报

统计表让数字变得更加简明易懂

班上20位同学上周读书册数

3 册	4 册	2 册	6 册	1 册	3 册	3 册
1 册	3 册	7 册	4 册	4 册	5 册	2 册
2 册	2 册	6 册	1 册	0 册	5 册	

汇总班上20位同学上周读书册数情况的表格

0 册	1 册	2 册	3 册	4 册	5 册	6 册	7 册
1 人	3 人	4 人	4 人	3 人	2 人	2 人	1 人

整理成表格之后，马上就知道各有多少人读了几册书了！

★ 整理成表格后更加简明易懂

左页上半部分是班上 20 位同学上周读书册数的调查结果。老师看到这些数字，会马上就明白各位同学大概读了多少书吗？恐怕老师只会想"这怎么可能马上就知道"。老师一定也无法立刻说出有多少人读了 3 册书。

这时，以"读书册数"和"人数"为着眼点，像左页下半部分的表格一般，按照读书册数进行分类整理。这样就能知道，读了 2 册书和 3 册书的各有 4 人，有 1 人 1 册书都没读，读书最多的人读了 7 册。

将数据收集起来得到的只是一堆数字。收集数据是为了了解"同学们上周读了多少册书"，所以要按照"读书册数"整理成表格。像这样对数据进行归纳整理得到的表格就称为"统计表"。

小学生每个月会读多少册书？

TIPS

小学生每个月的平均读书册数为 11.3 册

日本全国学校图书馆协议会、每日新闻社每年会共同对日本全国小学生的读书情况进行调查。根据 2019 年 5 月一个月内的调查结果，小学生的读书册数为 11.3 册，其中一本书也不读的人所占比例为 6.8%。

数据出处：日本全国学校图书馆协议会、每日新闻社《第 65 次学校读书调查（2019 年）》

直观表现统计表的统计图

汇总班上20位同学上周读书册数情况的表格

上周读书册数	0 册	1 册	2 册	3 册	4 册	5 册	6 册	7 册
人数	1 人	3 人	4 人	4 人	3 人	2 人	2 人	1 人

假如将上表变成图形……

变成图形后，读了多少书的人最多就一目了然了呢!

★ 统计表制成图形可以使人一目了然

左页中，为了更容易了解同学们上周各读了几本书，而将数据整理成了统计表。进一步将其转化为不只有数字，还直接可见的图形，就成了左页下方的统计图。转为统计图后，可以更快地掌握同学们上周的读书情况。统计图根据左页上方统计表中的数据绘制而成。

这样一来，读过几册书的人数最多就一目了然。容易发现读2册或3册书的人最多；且随册数增加或减少，相应的人数也逐渐减少。

制成图形，能使看数据或统计表时难以发现的整体倾向直观地体现出来。

教科书中也会出现许多统计图，试想：如果它们还是统计表会如何？恐怕会因满是文字和数字而令人不耐烦吧。

读书与学习成绩有关联吗？

阅读量越大的儿童学习成绩越好

T I P S

阅读量多的儿童偏差值[1]上升了1.9，而不读书的儿童偏差值则下降了0.7。似乎存在读书越多成绩就越好的倾向。

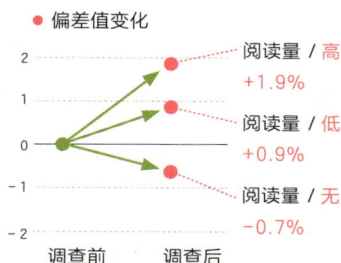

● 偏差值变化

阅读量 / 高 +1.9%

阅读量 / 低 +0.9%

阅读量 / 无 −0.7%

调查前　调查后

数据出处：日本倍乐生教育综合研究所《关于小学生读书的实况调查与研究》
1 偏差值：日本对学生成绩的评价数值，偏差值越高意味着成绩越好。

懂得统计知识能让自己获得优势

对手队伍在过去10场比赛中不同区域的失球情况

对手队伍过去 10 场比赛总失球 ➡ 24 球

形成失球的射门区域

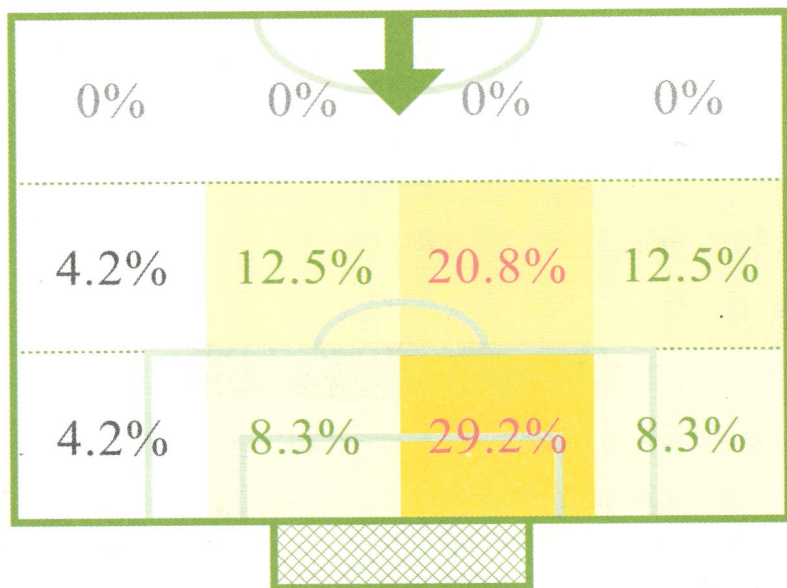

0%	0%	0%	0%
4.2%	12.5%	20.8%	12.5%
4.2%	8.3%	29.2%	8.3%

发现弱点！对方右侧半场的失球占70.8%！

★ 通过分析数据，能找到解决方案

　　要想知道下次比赛的对手在过去 10 场比赛中的失球来自哪个区域的射门，不妨收集并整理一下这方面的数据。通过收集并整理这方面数据，你就可以发现下次比赛的对手在右侧半场射门造成的失球较多，如左页中所示。知道对方的弱点是右侧，是不是就能考虑集中进攻这个区域了呢？

　　如果没有收集失球方面的数据，就发现不了这个弱点。正因为事先收集了"对方球队什么情况下失球最多"的数据，才发现了右侧这个弱点。运用统计思维收集并分析数据、找到对手的弱点，就能增加赢得比赛的机会。其实在职业体育界中，还有"体育分析师"（参考"词汇拓展"）这种分析数据以帮助己方获胜的工作角色。

　　只要好好运用统计，我们就能扬长避短，获取更大的利益。

词汇拓展

体育分析师

职业体育界中，有向运动员或队伍提供有助于胜利的数据的"体育分析师"。可以说他们的工作，是帮助教练和运动员们找到没有意识到的必胜策略，即收集资料，使用统计学知识进行分析，最终获得必胜的策略。

照片来源: Dziurek/Shutterstock.com

不懂统计知识就容易被骗!

应该选学校A还是学校B呢?

Z大学录取人数

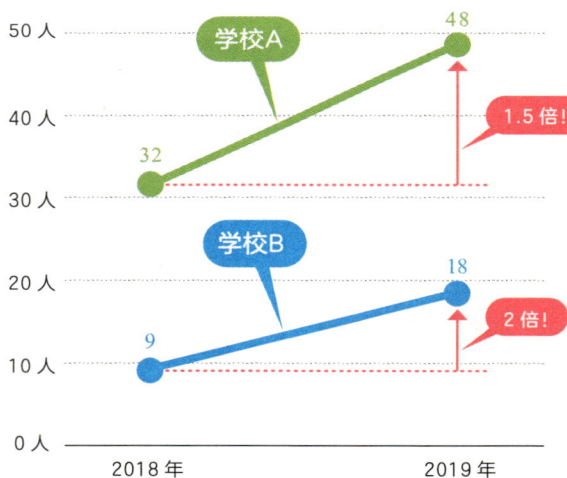

从图中看,肯定学校A更好呀!

1.5 倍!

2 倍!

如果只看图,可能会被误导哦。仔细想想,如果不考虑年级总人数,就无法判断哪边的录取情况更好。

学校A(一个年级400人)
- 2019 年每 100 人中录取人数:12 人
- 是前一年的:150%(1.5 倍)

学校B(一个年级100人)
- 2019 年每 100 人中录取人数:18 人
- 是前一年的:200%(2 倍)

★ 不熟悉统计知识就可能被蒙蔽！

春菜同学今后想考 Z 大学，所以她想寻找一所 Z 大学录取人数多的初高一体化学校。于是，她将目标锁定在 A、B 两所学校。

有一天，她和母亲一同参加学校 A 的招生宣传会，拿到了印着左页上图的资料。看到资料的春菜想："那就决定来学校 A 吧！"母亲也很满意，说道："是啊，爸爸肯定也会觉得学校 A 好。"

在春菜回家将相关情况告诉父亲后，擅长统计知识的父亲却沉吟一番，问道："图上看不出学校 A 和学校 B 的每个年级分别有多少人。相比 A 学校，B 学校 Z 大学录取人数的增长率更高。"调查后得知，学校 A 每个年级为 400 人，而学校 B 每个年级为 100 人。计算每 100 位学生中的录取人数，A 学校是 12 人，B 学校是 18 人；与 2018 年相比，学校 A 增长录取人数为前一年的 1.5 倍，学校 B 增长录取人数为 2 倍。

如果是你，会选择哪所学校呢？

年末大型彩票一等奖 7 亿日元的中奖概率

TIPS

一等奖 7 亿日元的中奖概率是两千万分之一

2020 年年底举办的"年底 JUMBO 彩票"，一等奖为 7 亿日元。中奖概率是 0.000005%（两千万分之一）。如果全日本所有人（约 1 亿 2600 万人）每人买一张，那么只有 6 个人能中奖。

照片来源：retirementbonus/shutterstock.com

6

懂得统计知识或许能说服父母！

小学生每个月的零花钱金额（每月拿一次零花钱的情况）

	一二年级学生	三四年级学生	五六年级学生
众数	500 日元	500 日元	500 日元
人数最多的金额区间	500 日元以上不满 700 日元（22.6%）	500 日元以上不满 700 日元（25.8%）	500 日元以上不满 700 日元（37.9%）
人数第二的金额区间	100 日元以上不满 200 日元（16.5%）	1000 日元以上不满 1500 日元（18.9%）	1000 日元以上不满 1500 日元（29.5%）
平均数	1004 日元	864 日元	1085 日元
中位数	500 日元	500 日元	1000 日元

※ 众数是调查结果中出现次数最多的数字。中位数是将金额按大小排列后处于正中间的数字。
※ 括号内是该金额区间内作答者占所有作答者的比例。

竟然还有对小学生零花钱金额的调查统计，真令人吃惊！

数据出处：日本金融服务信息中央委员会《"关于孩子们生活与金钱的调查"（第三次）2015 年度调查》

★ 有说服力的话才能打动大人

第 7 页提到，涨零花钱的要求被拒绝了，可如果不是只央求"给我涨零花钱"，而是好好运用统计数据，说不定会成功。

左页表格是由日本金融服务信息中央委员会在全国 290 所小学、初中、高中的 50149 位学生协助下的真实调查结果。如果你是小学五六年级学生，每月零花钱是 600 日元，那就可以要求涨零用钱："五六年级学生一个月的零花钱平均数是 1085 日元，中位数是 1000 日元，给我涨一点吧！"这比干巴巴地要求涨钱更有说服力。

正如表中所体现的，众数是"500 日元"、人数最多的金额区间是"500 日元以上不满 700 日元"，但家长一般不会问得这么深入。在将来的工作中，我们也需要拥有使用数据说服他人的能力。

词汇拓展

金融服务信息中央委员会

绰号是"查询门户"。它与日本各地方的金融服务信息委员会、政府、日本银行、地方政府与民间组织合作，以中立、公正的立场进行信息服务方面的活动，包括提供经济金融资讯、援助经济金融学习等。金融服务信息中央委员会的网站上可以查到金钱方面的攻击数据。

"查询门户"的主页

数据出处：日本金融服务信息中央委员会

7

成年人也未必知道"三大统计图"

直方图 → 第32页

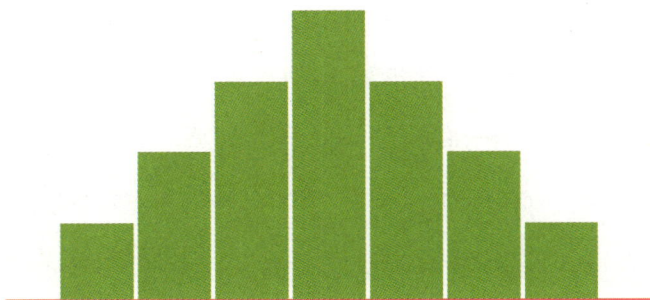

散点图 →第34页

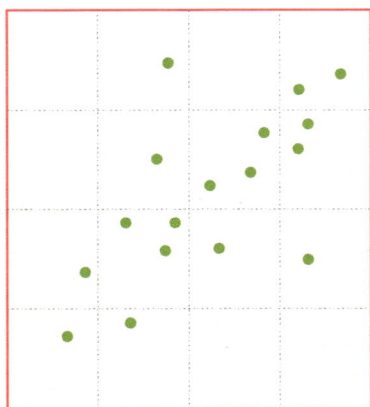

箱线图 → 第36页

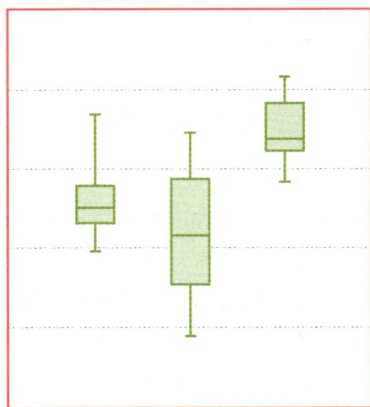

★ 统计图中尤为重要的三种类型

统计图有许多种种类，其中"直方图"（第 32 页）、"散点图"（第 34 页）、"箱线图"（第 36 页）被称作"三大统计图"。

"饼图和条形图呢？""还应该算上折线图呀！"

也许有人会这么说，但这三大统计图是全世界所公认的。

可以问问父母："你们知道三大统计图是什么吗？"他们或许答不上来。

其实"直方图""散点图""箱线图"并称"三大统计图"在世界上是一个常识。

我们常见的饼图、条形图和折线图都很重要，但假如不知道三大统计图，长大后与外国人聊天时可能会尴尬哦。"咦，你不知道吗？"

词汇拓展

统计图

为了便于更好地体现想传达的内容，而以可视化的图形呈现统计数据。要制作统计图，首先必须明确统计数据与想传达的内容，否则可能会让人弄不清统计图到底想表达什么。

8

三大统计图①直方图

按全班学号顺序排列的考试分数

学号	1	2	3	4	5	6	7	8	9	10
分数	81	73	53	45	74	65	56	77	50	65

学号	11	12	13	14	15	16	17	18	19	20
分数	100	92	81	21	35	46	79	56	67	61

频数分布表

分组	0~20分	21~40分	41~60分	61~80分	81~100分
频数	0人	2人	6人	8人	4人

直方图

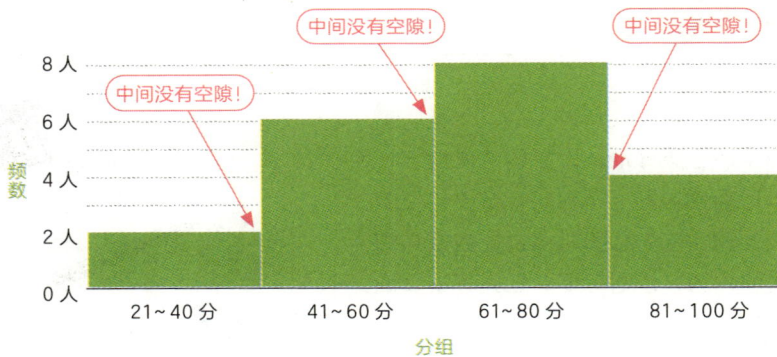

★ 能让数值分布一目了然的统计图

直方图是将一些数据分成若干组别，体现各组中的数据个数或数值的变化的图形，有时也被称为"频数分布图"或"矩形图"。

例如，已知某个班级的考试分数如左页上表所示，但乍一看并不了解分数的分布情况。每 20 分为一个组别将分数划分为"0～20分""21～40 分"等，分别统计组别区间内的人数，制成"频数分布表"（左页中间表格）就易懂得多。此时划分出来的区间就称为"分组"，而每个分组的数值称为"频数"。

进一步将频数分布表制成"直方图"，分布情况就一目了然了。横轴与纵轴分别是"分组"与"频数"，让图表更清晰的关键是设置合适的"组距"。注意如果分组太细，可能就不太看得出分布情况。左页中的组距为 20 分，如果按照 10 分来划分组别或许也可以。

词汇拓展

频数分布图、矩形图

大多数时候都将它称作"直方图"，但有时也会称为"频数分布图"或"矩形图"，偶尔还会写成"柱状图"。这些词全都指的是直方图，不了解的话可能会造成混乱，还是都记住为好。

直方图
频数分布图
矩形图
柱状图
意思相同

三大统计图②散点图

老师
160 cm/50 kg

A同学
150 cm/40 kg

B同学
140 cm/40 kg

C同学
170 cm/70 kg

D同学
160 cm/60 kg

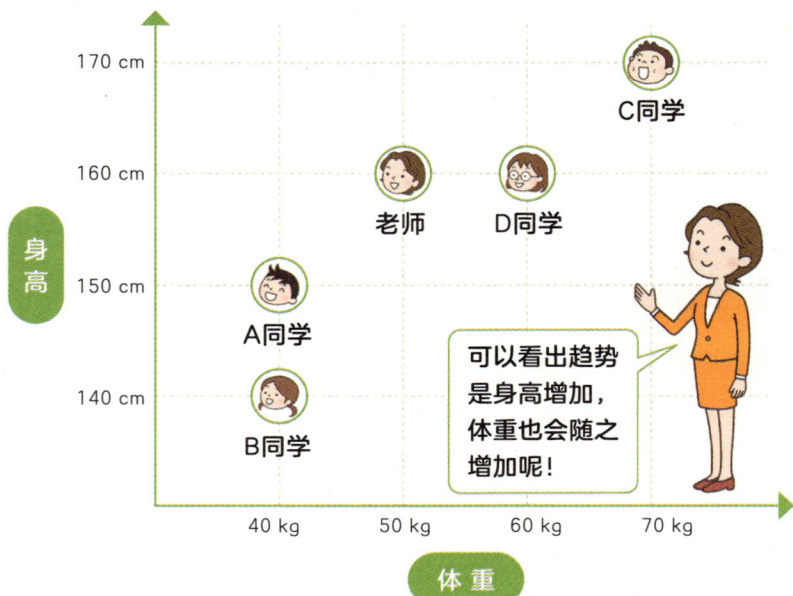

学生与老师的身高与体重的关系

可以看出趋势是身高增加，体重也会随之增加呢！

★ 能看出两项数据间关系的统计图

散点图是适合体现两项数据间关系的统计图。

例如，左页中是以班级同学的"身高"与"体重"两项数据制成的散点图。这种方式的特征是，两项数据间的关系可以直观地以可视化方式表现出来。

以"体重"为横轴、"身高"为纵轴，将每个人的数据绘制在图中相应位置。举例来说，A 同学身高 150 cm、体重 40 kg，则在横轴 40 kg、纵轴 150 cm 的交点处绘制一个数据点。这样一来，就能看出身高与体重这两项数据间的关系。

从左页的散点图中可以发现，有越高的人体重越重、越矮的人体重则越轻这一趋势。反之，也可以说有体重越重的人越高、体重越轻的人越矮的趋势。通过散点图，可以像这样明白两项数据（此处为"身高"和"体重"）间的关系。

哪里能查到日本小学生的平均身高及体重数据？

能查到平均身高体重的地方
《学校保健统计调查》

TIPS点击日本文部科学省主页中的"白皮书·统计数据·出版物"和"统计资料"。在那里查看《学校保健统计调查》的"结果概要"，就能知道每个年龄段的儿童的身高、体重平均值。

日本文部科学省的主页

数据出处：日本文部科学省《学校保健统计调查（2019 年度）》

10

三大统计图③箱线图 – 1

箱线图的读图方法

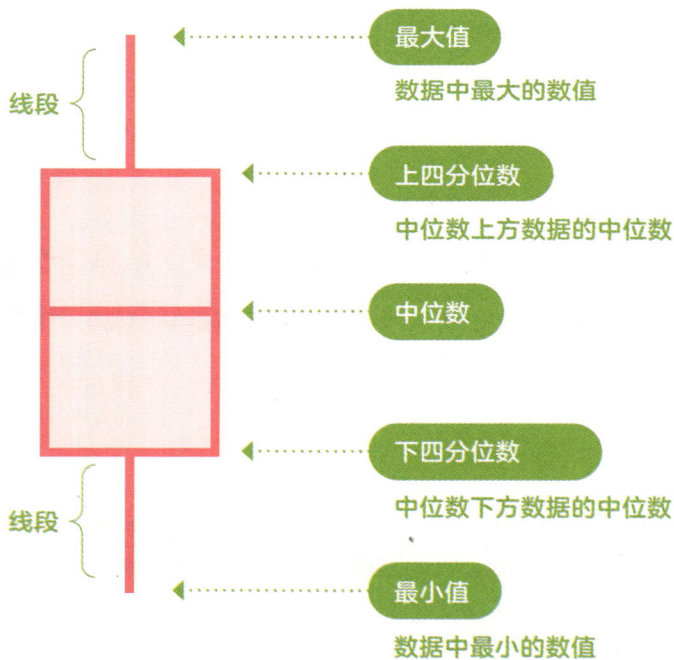

线段

最大值
数据中最大的数值

上四分位数
中位数上方数据的中位数

中位数

下四分位数
中位数下方数据的中位数

线段

最小值
数据中最小的数值

比直方图和散点图看起来更复杂难懂呢。

★ 箱线图中包含了大量的信息

箱线图作为三大统计图之一，是种能简明易懂地体现数据离散程度的统计图。与其他统计图相比，它容纳了许多信息而略微有些复杂。接下来将按照顺序来讲解如何看懂一张箱线图。

如左页中所示，箱线图由长方形的"箱"与两端的"线"所构成。长方形内部的横线代表着所有数据的中位数。

长方形的下边被称为"下四分位数"，是将数据按从大到小上下排列后下半部分数据的中位数。长方形的上边则称为"上四分位数"，是将数据按从大到小上下排列后上半部分数据的中位数。

长方形上下分别延伸出"线"，上方线段的端点表示最大值，而下方线段的端点则表示最小值。

只讲这些或许不好理解，下一页将使用实际数据，来展现箱线图是如何表达数据的。

数据个数为偶数时的中位数

T I P S

**数据个数为偶数时
正中两个数据的
平均数才是中位数**

数据个数为奇数时，中位数就是正中间那个数据的值。然而数据个数为偶数时，中位数是正中间两个数据的平均数。

● 数据个数

奇 数	偶 数
○ 正中间为	○
○ "中位数"	○
● ←	●
○	● 正中间两个数据
○	○ 的平均数为
	○ "中位数"

11

三大统计图③箱线图 - 2

将数据从小到大排列平均分成两部分

数据个数为偶数时（一班）

← 下半部分数据 ┊ 上半部分数据 →

| 22分 | 34分 | 46分 | 46分 | 52分 | 64分 | 66分 | 72分 | 80分 | 84分 | 90分 | 100分 |

下半部分数据的正中两个数的平均数（46分）是下四分位数

所有数据的正中两个数的平均数（65分）是平均数（中四分位数）

上半部分数据的正中两个数的平均数（82分）是上四分位数

数据个数为奇数时（二班）

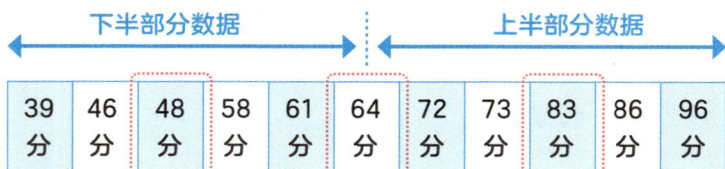

← 下半部分数据 ┊ 上半部分数据 →

| 39分 | 46分 | 48分 | 58分 | 61分 | 64分 | 72分 | 73分 | 83分 | 86分 | 96分 |

下半部分数据的正中间的数是下四分位数

所有数据正中间的数是平均数（中四分位数）

上半部分数据的正中间的数是上四分位数

★ 什么是上四分位数和下四分位数？

左页中的两个图，将两个班级（一班 12 人、二班 11 人）的考试成绩按照顺序进行了排列。我们来看看求中位数、下四分位数和上四分位数的方法。

如第一章中讲解过的，将数据按大小排列后，正中间的数就是中位数。像二班一样数据个数为奇数（11 人）时，正中间的数无疑就是中位数；像一班这样数据个数为偶数（12 人）时不存在正中间的数，此时中位数是中间两个数的平均数。

"下四分位数"是数据从小到大排列时下半部分数据的中位数。相应地，上半部分数据的中位数是"上四分位数"。同样，正中间有两个数时，上四分位数或下四分位数是这两个数的平均数。

那么，既然有上四分位数和下四分位数，有没有中四分位数呢？中四分位数就是中位数，要好好记住哦。

词汇拓展

奇数与偶数

1、3、5、7 等这些无法被 2 整除的整数被称为"奇数"。相对地，2、4、6、8 等可以被 2 整除的数则称为"偶数"。无论是多么大的数，只要个位数能被 2 整除或为 0 就是偶数，而个位数无法被 2 整除则是奇数。

【奇数】个位数的数字是
1、3、5、7、9
（无法被 2 整除的数）

【偶数】个位数的数字是
0、2、4、6、8
（可以被 2 整除的数）

12

三大统计图③箱线图－3

比较一班和二班的箱线图

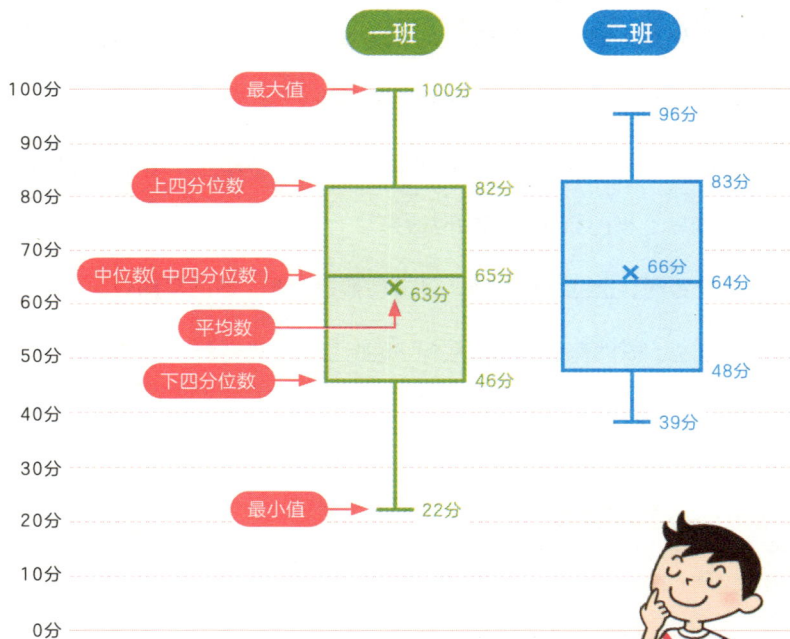

一班

二班

100分	最大值 →	100分
90分		96分
80分	上四分位数 →	82分 83分
70分	中位数(中四分位数) →	65分 66分 64分
60分	平均数 → ✗ 63分	
50分		
40分	下四分位数 → 46分	48分
30分		39分
20分	最小值 → 22分	
10分		
0分		

一班既有考100分的人，也有考22分的人，成绩还真分散呢！

★ 用箱线图来表现数据

将第38页中一班和二班的考试分数用箱线图表示，结果如左页。

以一班的箱线图为例，由图可知最大值为100分、上四分位数为82分、中位数为65分、下四分位数为46分、最小值为22分。中位数附近的"×"表示平均数。有时箱线图中会以这种形式标出平均数。

比较一班与二班的箱线图，会有什么发现呢？虽然中位数、平均数和四分位数间距（参考"词汇拓展"）都几乎一致，但与二班相比，一班"箱"上下的两条线段都明显更长。从这一点可知，一班的分数分布比二班更加分散，既有考100分的人，也有只得到22分的人，班里各人的成绩相差较大。

由于一个箱线图中能体现出许多信息，将多个箱线图并列，可对其进行各种各样的比较。

词汇拓展

四分位数间距

数据的正中间50%数据的差距，也就是下四分位数与上四分位数之间的差距（箱线图中"箱"的部分）称为"四分位数间距"。

下四分位数　　中位数　　上四分位数

| 25% | 25% | 25% | 25% |

最小值　　四分位数间距　　最大值

13

统计图还有许多种类型

条形图 → 第44页

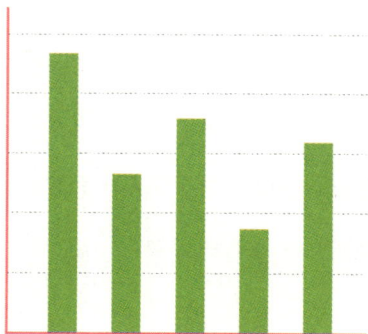

饼图 → 第48页

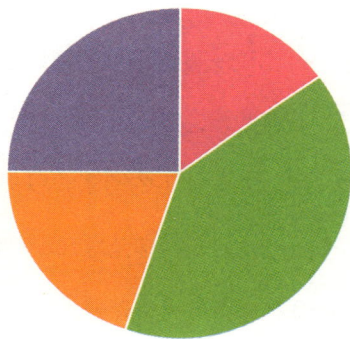

折线图 → 第46页

百分比条图 → 第50页

★ 经常能在教科书中看到的四种统计图

前文讲解过了三大统计图，或许有人会想："怎么没有平时常见的图表？"统计图还有许多种类，此处将为大家讲解教科书中也很常见的条形图（第44页）、折线图（第46页）、饼图（第48页）和百分比条图（第50页）这四种统计图。

它们的形状各不相同，各自的应用方式自然也不同。

制作统计图时，一定要明确"想用图表来表达什么"这一点。选用的图形类型取决于想表达的内容。

只要知道了每种统计图的特点，在看到书籍刊物中的统计图时，就能明白制作统计图的人想表达的内容。"这张图是饼图，所以想表现比例。""这张图是折线图，所以想表现增减的变化趋势。"

词汇拓展

雷达图

是可以比较多项数据大小的统计图，因其形状也被称作"蛛网图"。比较五项数据时是正五边形，七项数据则是正七边形。这种图的特征是由各顶点分别对应各数据元素，由中心向各顶点连线，以中心为"0"刻度。

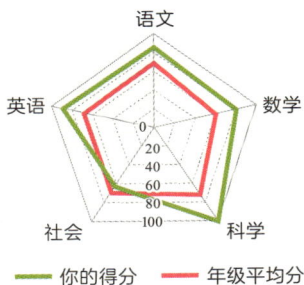

语文　数学　科学　社会　英语
0 20 40 60 80 100

—— 你的得分　—— 年级平均分

14

用条形图来体现数量的多少吧

条形图与直方图的区别

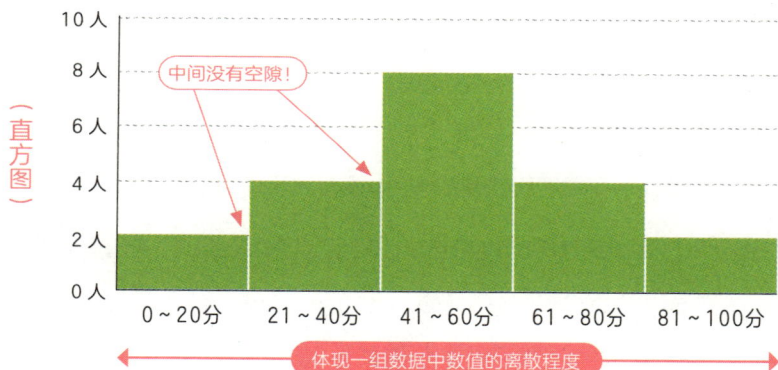

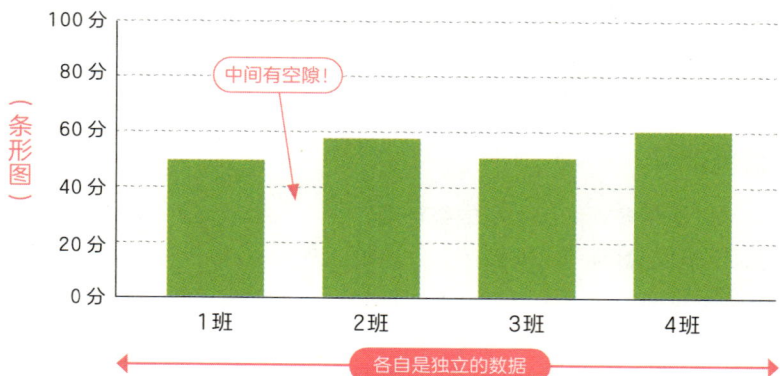

（直方图）

中间没有空隙！

10人
8人
6人
4人
2人
0人

0～20分　21～40分　41～60分　61～80分　81～100分

体现一组数据中数值的离散程度

（条形图）

中间有空隙！

100分
80分
60分
40分
20分
0分

1班　　2班　　3班　　4班

各自是独立的数据

★ "数量的多少"是最容易明白的

条形图是能够简单地表现数量多少的图。它虽与第 32 页介绍过的直方图看起来有些相似，但与直方图是两种不同的图。

直方图所表现的是一组数据构成的整体中，单个数据在各个数值范围内的分布情况。例如，它可以用来体现班级中所有同学的考试分数，在各个分数段各自的人数。

而条形图则用于比较多个独立的数据，例如比较同一个年级中一班至四班的平均分。每个班级的平均分是各自独立的数据，比较它们的高低时就可以使用条形图。并且就算试图用直方图来体现各个班级的平均分，也无法与"横轴表示分组、纵轴表示频数"的规则相匹配。此外，条形图的数据条不与相邻的数据条相接，这点也与直方图不同。

词汇拓展

堆积条形图

以向一个方向堆积的形式表现一组数据中不同元素的条形图称为"堆积条形图"。堆积的各个元素分别用不同的颜色或纹理体现。想体现一班和二班养宠物的人数的同时，还想体现养猫和养狗的人各有多少，可以像右图一样表示。

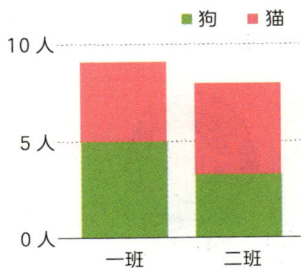

15

用折线图来体现数值变化吧

2020年10月18日（上午八点至晚上八点）东京都气温的变化

时间	气温
上午八点	12.8 ℃
上午九点	15.1 ℃
上午十点	17.4 ℃
上午十一点	17.9℃
中午十二点	18.1 ℃
下午一点	17.6 ℃
下午二点	18.1 ℃
下午三点	17.3 ℃
下午四点	16.8 ℃
下午五点	16.4 ℃
下午六点	15.8 ℃
下午七点	13.8 ℃
下午八点	13.6 ℃

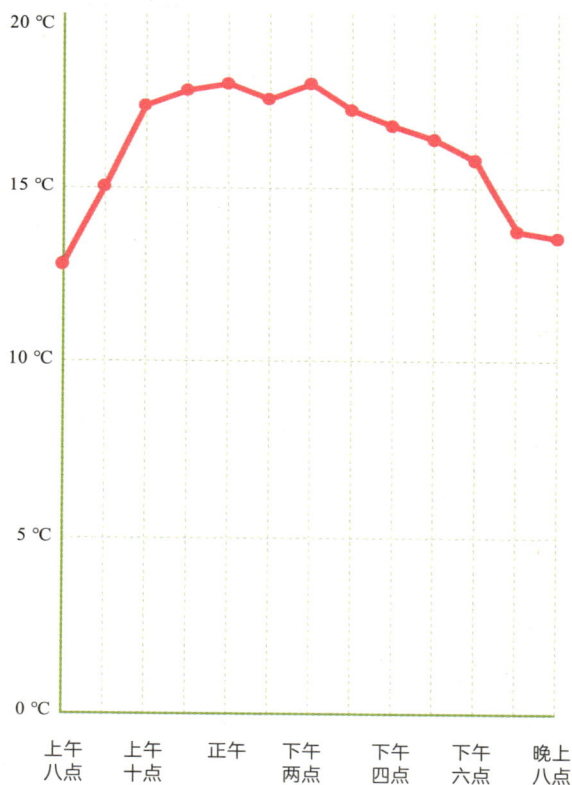

气温升降情况一目了然呢！

★ 用于了解数值随时间而变化的情况

想要了解数值随时间经过的变化情况，例如一天中的气温变化、自己的体重变化，这种时候往往会使用折线图。

左页中的表格与折线图中显示了 2020 年 10 月 18 日东京都的气温变化。与表格相比，看折线图更容易明白气温是如何上升、下降的。

左页中的图以上午八点至晚上八点的时间为横轴，那可以将它作为纵轴吗？可以将本书顺时针转 90°，图形就变成了以气温为横轴、时间为纵轴的折线图。哪种方式更容易使人明白温度变化呢？以时间为横轴时，趋势更加清晰。

折线图一般以时间类的元素为横轴，数量类元素为纵轴，表现变化和推移情况。只要记住以时间类元素为横轴，就不会迷糊了。

哪里可以查到天气与气温情况？

日本的天气与气温数据在日本气象厅里！

点击日本气象厅主页中的"各类数据与资料"，就能查询过去的气温、降水量、风速等各种与气象有关的统计数据。

日本气象厅的主页

16

饼图最适合用于表现比例

喜欢的体育项目的区别

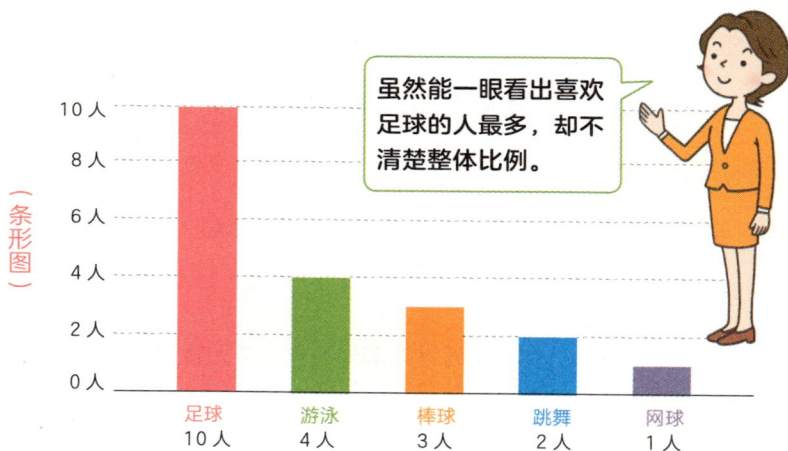

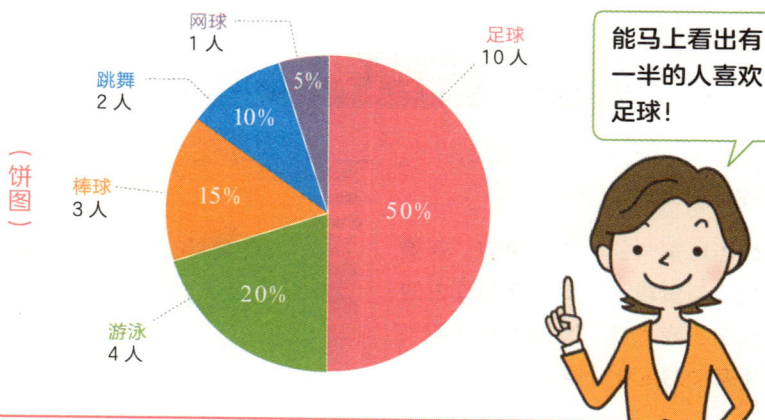

虽然能一眼看出喜欢足球的人最多，却不清楚整体比例。

（条形图）

10人
8人
6人
4人
2人
0人

| 足球 | 游泳 | 棒球 | 跳舞 | 网球 |
| 10人 | 4人 | 3人 | 2人 | 1人 |

（饼图）

网球
1人

跳舞
2人

棒球
3人

游泳
4人

足球
10人

5%

10%

15%

20%

50%

能马上看出有一半的人喜欢足球！

★ 最擅长体现百分比的统计图

饼图是最适合表现比例的统计图。

例如，调查全班 20 位同学喜欢的体育项目，结果如下。

·足球……………………10 人（10÷20×100% =50%）

·游泳……………………4 人（4÷20×100% =20%）

·棒球……………………3 人（3÷20×100% =15%）

·跳舞……………………2 人（2÷20×100% =10%）

·网球……………………1 人（1÷20×100% =5%）

以条形图表示，则如左页上图。从图中可以看出喜欢每项运动的人数各有多少。但是没法马上得知它们各在全班 20 位同学中占多大比例。

而如果看下方的饼图，马上能知道全班有一半同学喜欢足球。

想直观表现每项元素在整体中所占比例时，饼图是个好选择。

词汇拓展

百分比

"%"表示将整体当作"100"时，对象数量相当于多少。可通过"想百分比化的数值÷整体的数值×100%"求得。例如，求 5 人在 20 人中占百分之多少，则计算"5÷20×100%"，结果是"25%"。

● 百分比的计算公式

百分比 ＝ 想百分比化的数值 ÷ 整体的数值 ×100%

17

想比较占比时就用百分比条图吧

一班与二班各个血型的人数

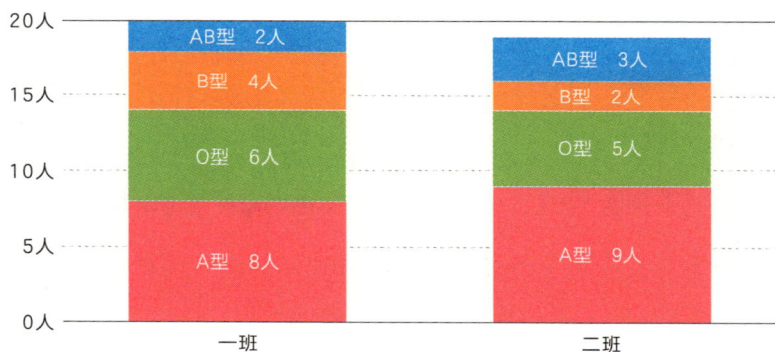

	一班	二班
AB型	2人	3人
B型	4人	2人
O型	6人	5人
A型	8人	9人

一班与二班各个血型的占比

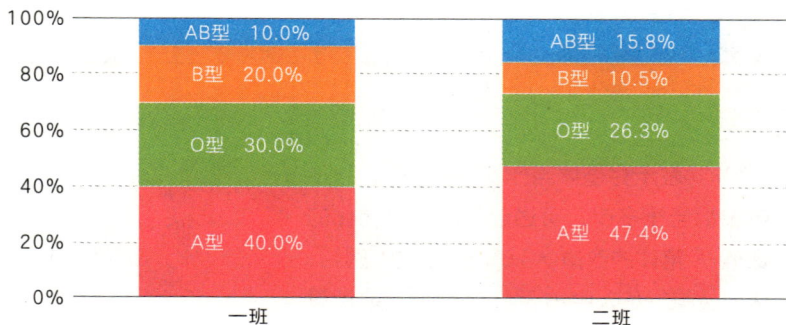

	一班	二班
AB型	10.0%	15.8%
B型	20.0%	10.5%
O型	30.0%	26.3%
A型	40.0%	47.4%

★ 适用于比较占比的统计图

百分比条图和饼图都是用于表现占比的统计图。

为了调查一班和二班里各个血型的占比，询问了两个班所有同学的血型。用堆积条形图来分别表示一班和二班各个血型的人数，如左页上图所示。从这张图能一眼看出一班人数更多，但现在想了解的是占比。一班总共 20 人，而二班共 19 人，两个班人数不同，无法比较占比。比较占比时，要将纵轴由"人数"变为"百分比"，让两个班的百分比条图高度相同。

百分比可以通过"各个血型的人数 ÷ 班级总人数"求得。如果求一班的 A 型占比，即为"8 人（A 型血人数）÷20 人（一班总人数）×100"。求得所有占比就能得到左页下图。这样一来，即便两个班人数不同，也可以比较占比。

日本人中各种血型的占比

TIPS

日本人中最多的是 A 型血，占 38%！

各种血型的人在日本人中的占比，最多的 A 型大约为 38%，B 型为 22%，O 型为 31%，AB 型为 9%。而据说全世界范围内最多的是 O 型血（约 40%）。

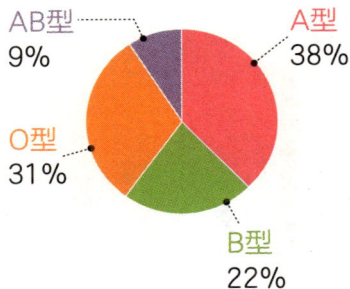

AB型 9%

A型 38%

O型 31%

B型 22%

数据出处：日本红十字会

18

选用不合适的图表会使人难以辨认

九州七县的人口

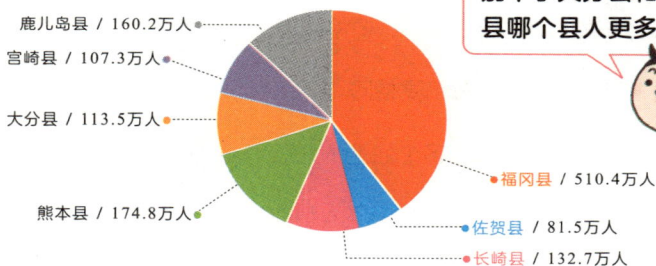

没有具体数字，就辨别不了大分县和宫崎县哪个县人更多！

鹿儿岛县 / 160.2万人
宫崎县 / 107.3万人
大分县 / 113.5万人
熊本县 / 174.8万人

福冈县 / 510.4万人
佐贺县 / 81.5万人
长崎县 / 132.7万人

把各个县的人口用折线连起来好像有点怪怪的！

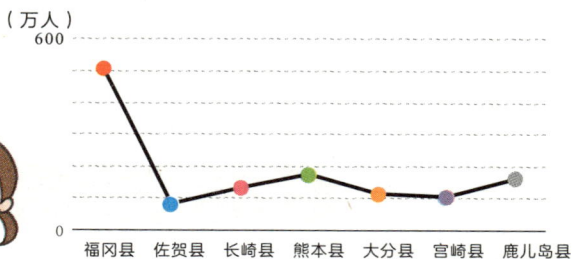

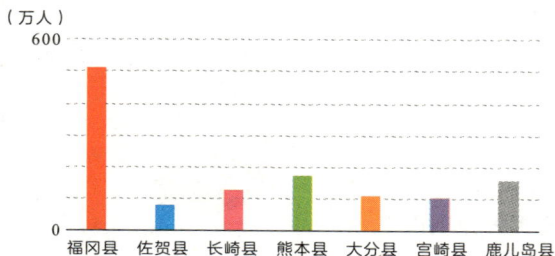

（万人）
600
0

福冈县　佐贺县　长崎县　熊本县　大分县　宫崎县　鹿儿岛县

（万人）
600
0

福冈县　佐贺县　长崎县　熊本县　大分县　宫崎县　鹿儿岛县

这样就一目了然了！

数据出处：日本总务省统计局

★ 根据"想表达的内容"来选择统计图吧

不熟悉统计图时，或许会因该为数据选用哪种统计图烦恼。其中的关键，是明确"想表达的内容"。

例如，单纯想比较九州七县的人口时，该选用哪种统计图呢？

首先试试用饼图吧。虽然能看出各县的人口多少，却不太清楚大分县、宫崎县二者谁多谁少。如果想了解各县人口在九州总人口中的占比，饼图是个好选择，但此处并不合适。

如果制成折线图，就能明白各县的人口多少。然而折线图适用于气温、体重等连续的时间序列数据。各个县的人口并没有连续性，不能使用折线图。

想比较九州七县的人口多少时，选用条形图更合适。即便不写具体数字，各个县的人口是多是少也能一目了然。

日本各个地区的人口占比（2019年10月1日）

**在日本总人口中占比
最多的是关东34.4%**

日本的总人口为1亿2617万人，其中有4346万人（34.4%）集中在关东地区。各个地域中，人数占比最少的是四国地区的372万人（2.9%）。

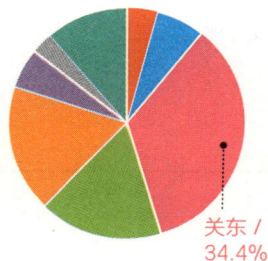

关东 /
34.4%

数据出处：日本总务省统计局

日本已开始关注统计学知识的学习

许多人可能会想："学习统计学对我的未来有帮助吗？"不必担心，统计学是一门在未来大有用处的学科。

通过互联网等渠道收集的数字数据非常重要，甚至被称为"21世纪的资源"。用于分析、运用数字数据的统计学知识，其重要性也与日俱增。

因此，日本也越来越强调统计知识的学习。

这种强调体现在，过去由日本高中教授的知识点改为初中教授，而原本日本初中的知识点改为小学教授。日本试图通过提早开展统计学学习，培养出擅长统计学的儿童。

例如32页介绍的频数分布表和直方图，以前是日本初中的知识点，但从2020年4月起将在小学期间教授。

毫不夸张地说，和英语一样，统计学是立足世界舞台所必需的知识。尽早让如今的中小学生学习统计学知识，是件有百利而无一害的事。

从发现问题到

解决问题的

PPDAC 循环

1

PPDAC 循环是什么？

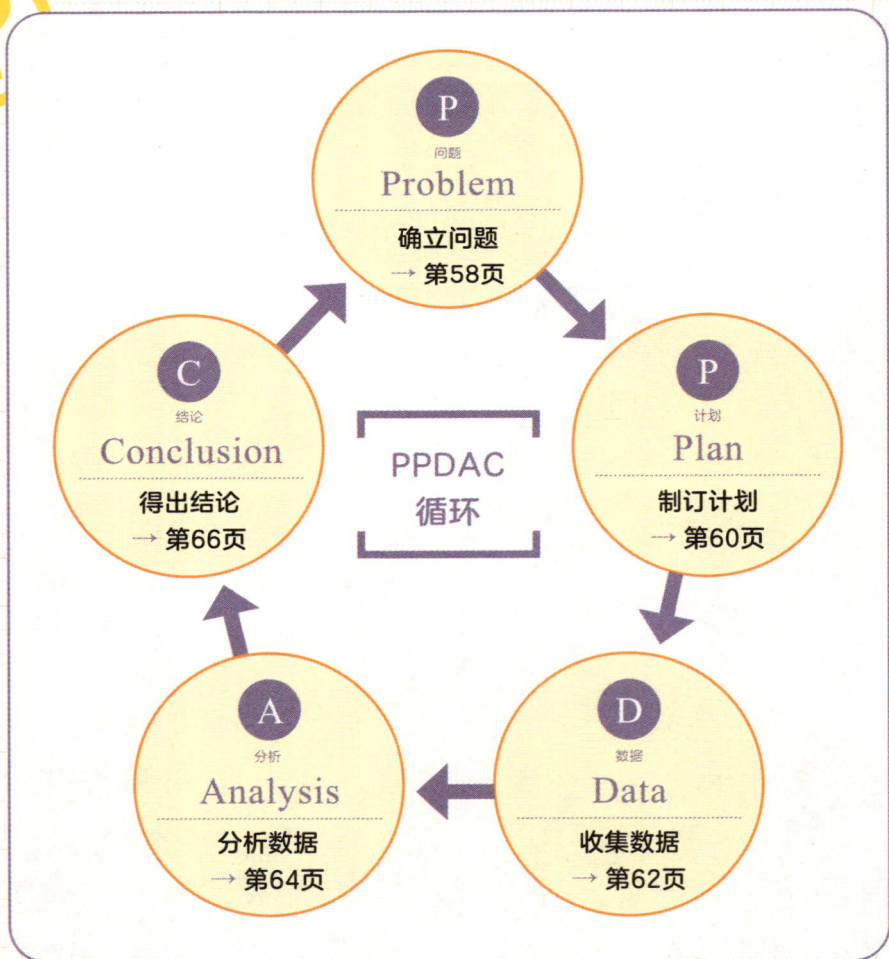

PPDAC
循环

P
问题
Problem
确立问题
→ 第58页

P
计划
Plan
制订计划
→ 第60页

D
数据
Data
收集数据
→ 第62页

A
分析
Analysis
分析数据
→ 第64页

C
结论
Conclusion
得出结论
→ 第66页

★ 有助于快速解决问题的神奇工具

求三角形面积时，有"底边 × 高 ÷ 2"这个面积公式。只要知道这个公式，无论是谁，即便不知道计算三角形面积的原理，也能轻易算出三角形的面积。

同样，PPDAC 循环就像是一个用统计学来解决问题的公式。只要记住它，就能方便地用统计学知识解决问题。

PPDAC 循环是起源于国外的一种思维方式。它分为"确立问题（Problem）""制订计划（Plan）""收集数据（Data）""分析数据（Analysis）""得出结论（Conclusion）"五个阶段，取英语单词的首字母简称为"PPDAC"。

在第三章中将对这五个阶段进行讲解。PPDAC 循环是全世界在运用统计思维考虑问题时的通用思维框架（参考"词汇拓展"）。这种思维方式在人长大之后也有用武之地，学会它准不会错。

思维框架

在思考问题时，将需要考虑的要点进行模式化，从而让所有人都便于思考。就像数学中的公式与玩游戏的攻略一样。PPDAC 循环是一种非常方便的思维框架，不只是孩童时期，长大后也依然能使用。

2

PPDAC 循环的第一个 "P" 指 "确立问题"

P ··· Problem 确立问题

好想知道我的语文分数在班上排第几名，揪心得睡不着。

怎么才能知道你的排名呢？

只要能知道全班人的语文分数，应该就能知道了。

是的。首先要明确需要调查的事，比如自己感兴趣的事或烦恼。例如在这里，就是"调查全班同学的语文分数"。

原来如此。不先梳理清楚就不知道该调查什么！

★ 弄清目的，从而明确问题

每当不擅长的语文考卷发下来时，宏斗同学总是会烦躁不安。"我究竟在班上排多少名呢？""我的分数是不是高于平均分？"为了消除烦恼，他想用统计学知识来进行调查。

PPDAC 的第一个"P"指的是"确立问题"。对于宏斗来说，"我的语文考试分数在全班排第几名？"就是他的问题。怎么才能解决这个问题呢？需要调查全班同学语文考试的分数。像这样，弄清目的，就能明白该收集什么数据。如果确立的是"我在班上排第几名？"这种模糊的问题，可能就会问 A 同学的语文分数、B 同学的数学分数、C 同学的 50 米跑成绩。

出门前需要首先确定目的地。同样地，必须先弄清使用统计学的目的，再开始进行调查。不事先明确目的，就像出行时没有目的地一样。

词汇拓展

"目的"与"目标"

"目的"与"目标"看上去相似，意义却不同。"目的"是最终想要实现的事。而"目标"则是为了达成目的的具体手段。举例来说，如果"提高成绩"是"目的"，"每天好好学习"就是目标。

● "目标"是通向"目的"的手段与过程

目的

目标

目标

目标

现状

3

PPDAC 循环的第二个"P"指"制订计划"

P · · · **Plan**　　　制订计划

如果不先考虑好调查的方式，就没法顺利实施调查。可以从"谁""何时""何地""何事""为何""如何"几个方面考虑。

必须思考许多事情呢！

必须考虑的元素

Who
谁
谁来调查？

When
何时
什么时候调查？

Where
何地
在哪里进行调查？

What
何事
要调查什么？

Why
为何
为什么要调查？

How
如何
怎么进行调查？

★ 计划具体如何做调查

PPDAC 的第二个"P"指的是"制订计划"。在这个阶段，要为第一个"P"中找到的问题，制订调查的计划。如果不做计划就去调查，很可能漏掉真正需要收集的数据，导致辛辛苦苦的调查工作需要返工。就像出门旅游前如果不调查路线，可能就无法发现自己真正想去的景点。

为了高效地进行调查，这个阶段必须认真做好计划，明确调查步骤和调查内容。

根据"5W1H"（参考"词汇拓展"）制订计划可以避免遗漏。"由我（谁），对最近的（何时）全班的语文考试分数（何事）……"就像这样，确定调查的方式。例如，或许有人会不好意思说出自己的分数，那就需要去制作不记名式的调查问卷。事先计划好调查的方式，必然能使数据收集变得更容易。

词汇拓展

5W1H 分析法

指的是"Who（谁）""When（何时）""Where（何地）""What（何事）""Why（为何）""How（如何）"。时刻注意"5W1H"，能避免思考时的疏忽和遗漏。这种思维方法也可以用于文章的写作。

PPDAC 循环的 "D" 指 "收集数据"

D ··· Data   收集数据

在大家的帮助下，我把所有调查问卷都收回来了！

光是把数据汇集起来不容易了解情况，请把数据重新整理一下吧。

全班的分数汇总表

30分	30分	30分	40分	50分
60分	60分	70分	70分	70分
80分	80分	80分	80分	80分
90分	90分	90分	100分	100分

我按照分数从低到高将调查问卷整理好了！顺带说一句，我的成绩是70分！

★ 将数据收集起来会有许多发现

"D"指的是"收集数据"。要用第二个"P"制订的计划实际收集数据。

宏斗自行制作了调查问卷，发给了班上的所有同学。为了能让尽量多的同学填写问卷，问卷是不记名式的，问卷上不会体现出这是谁的分数。发问卷时，最好说清楚"交回问卷的时间"。等到达时限、收回问卷后，检查问卷是否全部收回。

将所有问卷收回后，按照分数从低到高进行整理，从而获得所需的数据。例如，可将所有人的分数整理成表格。这样更容易掌握数据全貌。

像这样收集并整理数据，就能知道自己在班级中的排名，后续还能进行计算平均数、中位数等各种分析。

全国小学生学力测试回答正确率最高的地区

TIPS

回答正确率最高的地区是秋田县和石川县

日本文部科学省每年都会举办全国学力测试（小学生考语文和数学两科）。来看看 2019 年度的考试中，哪个地区的回答正确率最高吧。

排名	地区名称	回答正确率
1	秋田、石川	72.0%
3	福井	70.5%
4	富山、青森	68.5%
6	冲绳	68.0%
7	东京都、爱媛、山口	67.5%
10	大分、京都、广岛、新潟	67.0%

数据出处：日本文部科学省《全国学力及学习情况调查》（2019 年度）

PPDAC 循环的"A"指"分析数据"

A ··· Analysis 　分析数据

我把数据制成了直方图，还计算了平均数和中位数。这样既容易辨认，又一目了然！

语文考试成绩的直方图

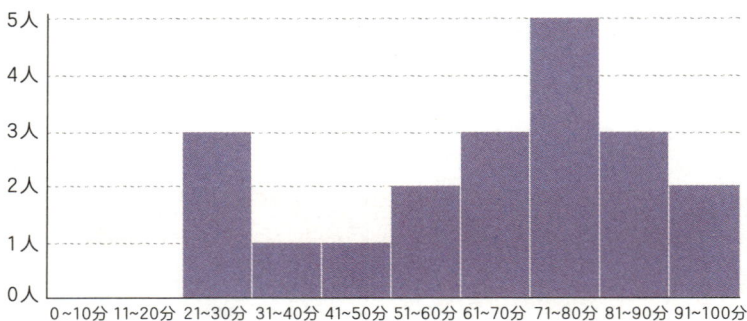

| 平均分：69分 | 中位数：75分 | 众数：80分 |

能从数据的分析中了解到什么？使用其他统计图，或许还能进行其他分析哦。

★ 对数据进行分析，能了解许多事实

收集数据后要进行分析。按照分数从高到低或从低到高排列，就能知道自己的排名。

将结果制成直方图，不仅能显示分数的分布情况，还能展示数据整体的特征及趋势。可以思考一下，组距该设置成 20 分、10 分，还是其他数值呢？用最能展示数据情况的组距制作直方图后，也不妨想想假如用其他组距，图形会有什么变化，或许会因此有新的发现。

计算数据的平均数、中位数和众数。这次考试中，平均数为 69 分，中位数为 75 分。宏斗的分数是 70 分，可知其高于平均分，却低于中位数。众数为 80 分，5 位同学考得这个分数。

知道自己考了 20 位同学中的第 11 名，宏斗舒了口气，也决心下次要做得更好。

日本小学生学力测试回答正确率最低的地区

TIPS

回答正确率最低的地区是爱知县

第 63 页中介绍了 2019 年度日本小学生学力测试中回答正确率最高的地区，这里则介绍回答正确率最低的地区。

排名	地区名称	回答正确率
23	群马、埼玉、长野、和歌山、佐贺、长崎	65.0%
29	福岛、栃木、千叶、兵库、冈山、鸟取	64.5%
35	岐阜、神奈川、山梨、德岛、宫崎	64.0%
40	北海道、宫城、岛根、熊本	63.5%
44	滋贺、大阪、奈良	63.0%
47	爱知	62.0%

数据出处：日本文部科学省《全国学力及学习情况调查》（2019 年度）

6

PPDAC 循环的"C"指"得出结论"

C ··· Conclusion 　得出结论

分析之后，就来得出结论吧。虽然你可能快忘掉了，但还是要想起最初设置的问题，给出一个能回答问题的结论。

我想知道自己语文考试的分数在班里排第几名，所以不会忘记啦。

那么，你得出了什么结论呢？

我本以为自己的排名会比较靠前，结果知道自己虽然超过了平均分，却是并列第11名，只是"中等"或"中等偏下"。

你做得很棒。并且事先建立"我的排名应该比较靠前"这个假设也很重要。最好也养成对比假设与实际结果的习惯。

★ 结论要对应一开始的"P"

分析数据后，要得出一个结论。

宏斗的分数是70分，高于平均分（69分），低于中位数（75分），在全班排并列第11名。宏斗本以为自己能排在全班的前25%，知道结果后有点沮丧。尽管如此，他还是接受了分析的结果，暂时得出了"我语文考试的名次是并列第11名，能力比班级中等水平还略低"的结论。

此时，应该确保得出的结论与PPDAC循环的第一步"P（确立问题）"相对应。回顾当初，宏斗想要调查的就是"我的语文考试分数在全班排第几名"，结论与问题对应得很好。

宏斗也在思考："可以凭一次考试的分数下定论吗？是不是应该多调查几次考试的成绩？"此外，他还萌生了对数学和科学等课程也进行同样调查的念头。

日本中学生学力测试回答正确率最高的地区

TIPS

回答正确率最高的地区是福井县

初中生的全国学力测试要考查语文、数学、英语三门课程，来看看2019年度回答正确率最高的是哪些地区吧。

排名	地区名称	回答正确率
1	福井	67.33%
2	秋田、石川	66.67%
3	富山	66.00%
4	静冈、东京都	65.00%
5	岐阜、兵库	64.33%
6	爱知	64.00%

数据出处：日本文部科学省《全国学力及学习情况调查》（2019年度）

7

让 PPDAC 循环轮转起来吧！

PPDAC循环的轮转是什么意思？

得出结论并不是结束，重要的是运用分析结果，改进调查方式，从而确立新的问题，进行更深入的调查与分析。

吸取经验从而改进，是非常重要的。

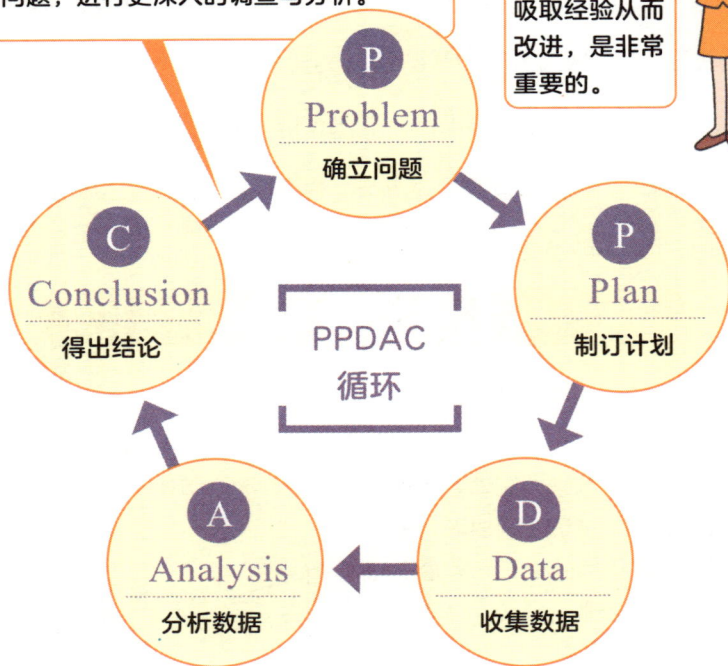

P Problem
确立问题

C Conclusion
得出结论

P Plan
制订计划

PPDAC
循环

A Analysis
分析数据

D Data
收集数据

★从"C"回到初始的"P"加以改进

PPDAC 循环并不只有这五个步骤，PPDAC 循环是有其意义的。在英语中，自行车是"bicycle"，其中"bi"代表"两个"。而"cycle"则是"循环、周期"的意思，因此两个车轮不断轮转的自行车命名为"bicycle"。"cycle（循环）"就是不断轮转，循环往复。

也就是说，得出结论并不是结束，而是要运用分析结果，思考是否有值得改进之处，再回到起初的"P（确立问题）"环节，重新开始相同的步骤。举例来说，假如心想下次进行调查时，应该提醒同学"我会在某天某时来收问卷哦"，今后就能吸取教训，使调查过程更为顺利。像这样，可以不断改进自身。

此外，遇到困难的问题时，或许无法得出明确结论。这时也可以重回起初的"P（确立问题）"环节，思考怎样做才能获得结论。

日本中学生学力测试回答正确率最低的地区

TIPS

回答正确率最低的地区是冲绳县

第 67 页中介绍了 2019 年度日本中学生学力测试中回答正确率最高的地区，这里则介绍回答正确率最低的地区。

排名	地区名称	回答正确率
39	岛根、熊本	61.00%
41	岩手、福岛、滋贺	60.67%
44	高知	60.33%
45	鹿儿岛	60.00%
46	佐贺	59.67%
47	冲绳	57.00%

数据出处：日本文部科学省《全国学力及学习情况调查》（2019 年度）

《学习指导纲要》2020 年起的改变

在日本，学校的教学内容由文部科学省的《学习指导纲要》决定。它会定期修订，最近一次对小学学习指导纲要的修订是在 2020 年。这次修订的要点之一，就是对统计学习的强调。新的纲要在"统计学内容等的改进"部分写道："在社会生活等各种场合中，收集并分析必要的数据，根据数据趋势来解决问题和作出决定。"

当今社会，电脑与互联网应用广泛，遍布着大量统计数据。解读和应用这些统计数据变得愈发重要，这也是《学习指导纲要》修订背后的原因。

其中，AI（人工智能）和机器人这些新兴技术，未来必然会在世界范围内普及，它们也必须依靠数据来发挥作用。

明确自己想了解的信息，有条理地思考该如何收集这些信息，从这些信息中得出结论。这种"统计学思维能力"的重要性想必还会日益增强。

来看看

各种各样的

统计数据吧

1

来寻找感兴趣的统计数据吧

① 输入想要搜索的关键词

认真考虑搜索时使用的关键词吧！

② 在搜索结果中，点击可能与想查询的信息有关的页面

学习过程或日常生活中，有所疑问而不采取行动，疑问就永远得不到解答。这种时候搜索一下"相关统计数据"，或许会有许多收获。

↑ 只要在网络上搜索感兴趣的事，一般就能找到相关的统计数据！多多去寻找吧！

★ 世界上有数不清的统计数据！

"我所在城市的人口是多少？"

"日本的大米产量在全世界排第几位？"

"日本从哪些国家进口多少牛肉？"

看电视、学习、读课外书时，或许你常会涌现出各种疑问，想知道这到底是怎么回事。这种时候，查看统计数据就很方便。

只要使用互联网，就能搜索到绝大多数一时兴起想知道的统计数据。

打比方说，假如想知道东京都的人口，只要在网络上搜索"东京都人口"，就能马上知道。如果想知道东京都人口从古至今的变化情况，只要搜索时加上"变化情况""时间序列"（参考"词汇拓展"）等词，就能看到东京都人口变化情况的统计数据。

无法搜索到结果时，只要多花点工夫，试着改变搜索用的关键词，应该就能找到所需的统计数据。

词汇拓展

时间序列

按照每天、每月、每季度、每年等时间顺序排列的数据，称为"时间序列数据"或"时间序列"。通过时间序列数据，能了解数据随着时间发生了什么样的变化。

● 时间序列数据

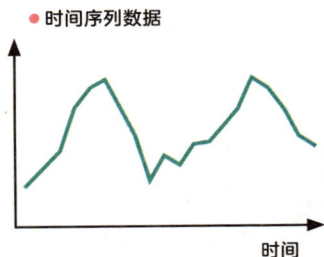

时间

2

来看看日本总务省统计局的"Kids'Stat"吧

输入想要搜索的关键词 ● https://dashboard.e-stat.go.jp/kids/

这是日本总务省统计局面向中小学生制作的统计网站。既然小学生也能查找各种各样的统计数据，我们就访问这个网站，看看里面有哪些统计数据吧。

↑ 可以按照"地区""领域""学科"查询相关的统计数据，来搜索感兴趣的事情吧！

★ 政府为儿童们制作的统计网站

在日本总务省统计局的主页上，有"Kids' Stat ~ 来查询统计数据吧 ~ "这样一个网站。其中，"Stat"是英语中表示"统计数据"的单词"statistics"（参考"词汇拓展"）的缩略写法。

网站分为面向小学生和面向初中生两部分，分别可以使用"按地区搜索""按关键词搜索""按主要单元（教科书的内容）搜索"这三种方式查询统计数据，还可以下载数据。

首先，搜索的内容可以是与所居住的地区有关的事情，或是在学校课程中注意到的事情。随着深入调查，会了解到许多以前不知道的事，从而想进行更多调查。如果在"Kids' Stat ~ 来查询统计数据吧 ~ "找不到统计数据，或许可以在第 78 页中介绍的日本总务省统计局网站或"e-Stat"处找到。

词汇拓展

Statistics、Stat

Statistics 这个英语单词的意思是"统计学、统计数据"。因为单词较长，有时也被缩略成 Stat。在电视上收看足球或棒球比赛时，常常能听到"Stat"这个单词，指的就是与比赛相关的各种数据。

美国职棒大联盟主页的数据页面

3

来查询自己家乡的信息吧

"Kids' Stat"中还能像这样显示图表

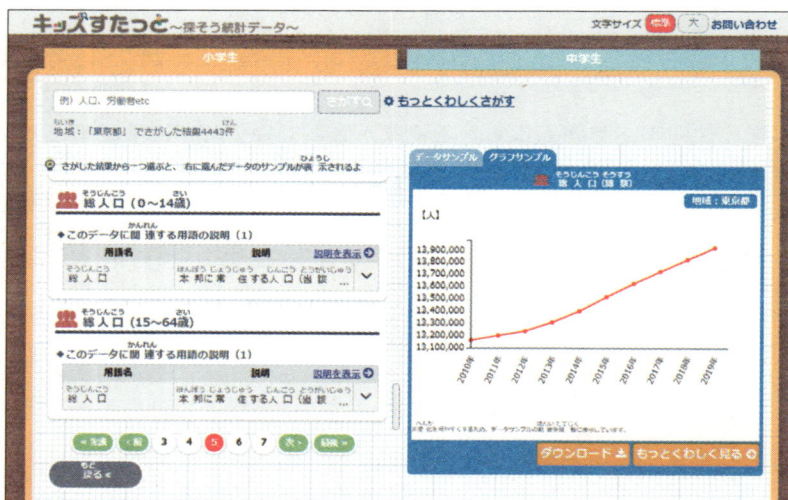

网页中所示的图是2010年至2019年东京都人口的变化情况。使用"Kids' Stat"不仅能轻松以图表形式查看统计数据,还能够下载统计数据。

学会使用"Kids' Stat"后,还能看到日本之外其他国家的统计数据,并且能转化为图表!

★ 使用 "Kids' Stat" 来查询统计数据吧!

你有没有好奇过自己家乡的情况呢? 只要查询统计数据, 就能迅速了解到这些信息。"Kids' Stat"（第 76 页）在这种时候就非常有用。

比方说, 假如想知道东京都的人口, 可以按顺序点击首页上的"按地区搜索""关东地区""东京都", 再点击"按行政区划搜索"。点击跳出的网页上方的"详细搜索", 再到网页下方, 确认"选择的地区"右侧所显示的是"东京都"。继续往下滚动网页, 选中"人口·家庭"大分类, 点击蓝色的箭头。"选中的大分类"中显示出"人口·家庭"后再点击"详细搜索", 网页就会跳转, 在右侧显示出东京都的"总人口"。"图表示例"窗口中也会显示出相应图表。

网站的功能非常丰富, 可以在查询中了解使用方式, 多多进行查询, 然后将了解到的知识告诉父母和朋友吧。

去看看自己住的地方的统计信息吧

各个行政区划的官方主页上一定有统计信息

你所在的行政区划的官方主页上, 一定有统计信息的页面。调查一下自己所住的地方吧。

TIPS

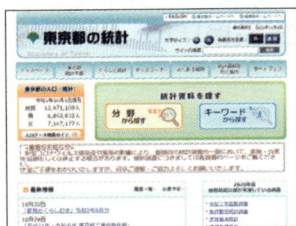

"东京都的统计数据"主页

来看看日本总务省统计局的主页吧

日本总务省统计局

- https://dashboard.e-stat.go.jp/

e-Stat

- https://www.e-stat.go.jp/

在日本总务省统计局的主页和"e-Stat"中，能查询到"Kids' Stat"中无法查到的更详细统计数据。尽管成年人要掌握它们也不容易，但从现在开始熟悉，将有助于你今后的成长。

↑ 假如想看国家基本情况的统计数据就到"总务省统计局"或"e-Stat"上查询吧！

★ 汇集了全日本统计数据的日本总务省统计局

日本政府设有许多省厅，例如决定国家如何使用财政的财务省、决定学校教育政策的文部科学省。省厅之一总务省中，有统计局这样一个负责处理国家统计数据的部门。

在日本总务省统计局的主页上，能找到全国各种各样的最新统计数据，如人口普查。

此外，政府还设置了另一个主页"e-Stat"作为政府统计数据的综合窗口。统计局主页与"e-Stat"数据互通，两个网站上均可查看日本绝大多数的统计数据。

遗憾的是，连成年人都很难理解并使用好这两个网站；但我们至少可以去浏览一下，了解国家统计数据究竟是什么样。

词汇拓展

日本人口普查

是指每五年进行一次、以居住在日本的所有人为对象进行的调查。最近一次于 2020 年 10 月开展。调查"姓名""国籍""在目前居住地的居留时间"等与户成员情况相关的项目（15项）以及"户成员数量"等与家庭相关的项目（4 项）。

世界人口排名会因查询的数据而改变?!

世界各国人口排名（2019年）

世界银行的调查			IMF（国际货币基金组织）的调查		
排名	国家	人口	排名	国家	人口
1	中国	13亿9772万人	1	中国	14亿0005万人
2	印度	13亿6642万人	2	印度	13亿6760万人
3	美国	3亿2824万人	3	美国	3亿2846万人
4	印度尼西亚	2亿7063万人	4	印度尼西亚	2亿6691万人
5	巴基斯坦	2亿1657万人	5	巴西	2亿1015万人
6	巴西	2亿1105万人	6	巴基斯坦	2亿0473万人
11	日本	1亿2627万人	11	日本	1亿2619万人

你可能会犹豫该使用两者中的哪一个，只要注明数据来源，可以任意在两者中选择使用。

数据出处：世界银行、IMF（国际货币基金组织）

许多机构会公布世界人口的统计数据，但给出的数据并不完全一致。在国际性的统计中这种情况很常见，所以务必标明所使用数据的来源。

↑ 即便是调查同一件事的统计数据，数值也不一定完全相同。不同的调查方式可能会得到不同的数据。

★ 感到好奇时就立刻动手查询吧！

假如好奇世界上哪个国家的人口最多，只要在搜索引擎中输入"世界人口排名统计数据"，就能跳出搜索结果。

这时，要想想"5W1H"（见 61 页），查阅数据时要时刻注意"这是谁调查得到的数据""这是何时的数据"。

例如，查询世界人口时，会发现世界银行与国际货币基金组织公布的数字并不一致。这二者都是信誉很好的公共机构，但从左页的表格能发现各国的人口数据有微小的区别，巴西和巴基斯坦的排名也不同。虽然两份都是 2019 年的数据，但因调查统计数据的方式不同，结果也产生了微小的差距。

查找统计数据时，不能想着"反正都是世界人口排名嘛"，还应该留意"这是谁公布的数据"等细节。

世界人口排名（联合国，2019 年）

TIPS

人口最多的国家是中国
14 亿 3400 万人

根据联合国的数据，全世界人口最多的国家是中国，第二名是印度（13 亿 6600 万人），而第五名是巴基斯坦（2 亿 1700 万人）。

排名	国家	人口
1	中国	14 亿 3400 万人
2	印度	13 亿 6600 万人
3	美国	3 亿 2900 万人
4	印度尼西亚	2 亿 7100 万人
5	巴基斯坦	2 亿 1700 万人
11	日本	1 亿 2700 万人

数据出处：联合国

来调查各地的大米产量吧

大米产量排名前十的地区（2019年生产水稻）

排名	地区	产量
1	新潟县	64 万 6100 吨
2	北海道	58 万 8100 吨
3	秋田县	52 万 6800 吨
4	山形县	40 万 4400 吨
5	宫城县	37 万 6900 吨
6	福岛县	36 万 8500 吨
7	茨城县	34 万 4200 吨
8	栃木县	31 万 1400 吨
9	千叶县	28 万 9000 吨
10	青森县	28 万 2200 吨
全国累计		776 万 2000 吨

"水稻"是什么？就是"大米"吗？

政府公布的统计数据中有许多不常见的词，要查清意思哦。

数据出处：日本农林水产省《2019 年度水稻陆稻产量》

查找统计数据时，可能出现不常见到的词。例如会将"红薯"称为"番薯"，或是将观赏植物称为"花卉"。查询统计数据时，有时需要了解专业术语的相关知识。

↑ 如果不知道"水稻"就是我们平时吃的大米可能就很难查到统计数据！

★ 不了解专业术语就查不到数据

假如我们想要"调查一下各地的大米产量",那应该到哪里去查找数据呢。除了总务省统计局或 e-Stat,还可以到分管农业的农林水产省主页上查看。各个省厅的主页上都有统计信息,可以到这些地方进行查询。

大米产量可以在日本农林水产省网站首页的"统计信息""与农业生产相关的统计数据"中查到。但是在弹出的页面中搜索"大米"这个词是找不到结果的。这是因为农林水产省的统计数据中用的名词并不是"大米",而是"水稻"(参考"词汇拓展")。或许你能从"稻"字的偏旁中猜出"或许这就是指大米",在查找统计数据时,务必要注意这些平时不常用的专业术语。

左页中列出了 2019 年全日本大米产量最多的十个地区,可以试着登上农林水产省的主页,找一找这些数据在哪里。

词汇拓展

水稻与陆稻

在水田中种植的稻子是"水稻",而在旱地中种植的稻子则是"陆稻"。我们平常吃的大米是水田中种出的水稻,但部分地区也种植陆稻(主要是糯米),农林水产省对水稻与陆稻的统计数据是分开公布的。

在日本,水稻种植占据主流

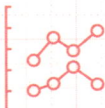

7

来看看全日本体能、运动能力及运动习惯等情况的调查吧

有关小学生体能测试的调查结果（摘录）

	各项目平均值					
	握力 /kg		50 米跑 /s		垒球投掷 /m	
	男生	女生	男生	女生	男生	女生
全国	16.37	16.09	9.42	9.63	21.60	13.59
大型城市	16.32	15.95	9.40	9.64	21.58	13.13
中型城市	16.26	16.00	9.42	9.64	21.51	13.50
其他城市	16.38	16.14	9.42	9.63	21.48	13.72
村镇地区	16.54	16.34	9.44	9.63	22.17	14.30
偏远地区	17.22	16.78	9.54	9.67	23.69	15.66

数据出处：日本体育厅《2019 年度全国体能、运动能力及运动习惯等情况调查报告》

从统计数据中能了解许多情况。看"握力"这一栏，可以发现全国范围内男生握力更大，但村镇地区和偏远地区的女生握力比大型城市的男生更大。

↑ 细致地查看统计数据，有时能够发现整体数据中无法体现的令人惊讶的事实！

★ 女生比男生的握力更大?!

日本体育厅每年都会公布以小学生、初中生为调查对象的《全日本体能、运动能力及运动习惯等情况调查报告》。左页中的表格列出了 2019 年度调查报告中小学生的"各项目平均值"。

从各种不同的角度看数据，或许能发现一些令人惊讶的事实。例如，自己与全国平均值间的比较、男生与女生间的体能差距、大型城市与地方村镇的小学生体能差距有多大等。

我们往往认为男生的握力更大，但从这份数据中能看出，偏远地区（深山中的乡村或远离日本本土的小岛等地区）的女生比大型城市的男生握力更大。

如果你对更详细的结果感兴趣，可以上网访问体育厅的主页，在首页上方按顺序点击"出版物"→"统计信息"→"全国体能、运动能力及运动习惯等情况调查报告"就能看到数据，去查查看吧。

哪里能查到体能和运动能力方面的数据？

体能和运动能力的数据在体育厅！

不仅是小学生和初中生，还想查看成年人、老年人的体能与运动能力方面的数据时，可以到体育厅这个文部科学省的外部机构的主页上查询。

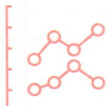

8

来看看成年人有多少储蓄吧

每个家庭户持有的金融资产金额

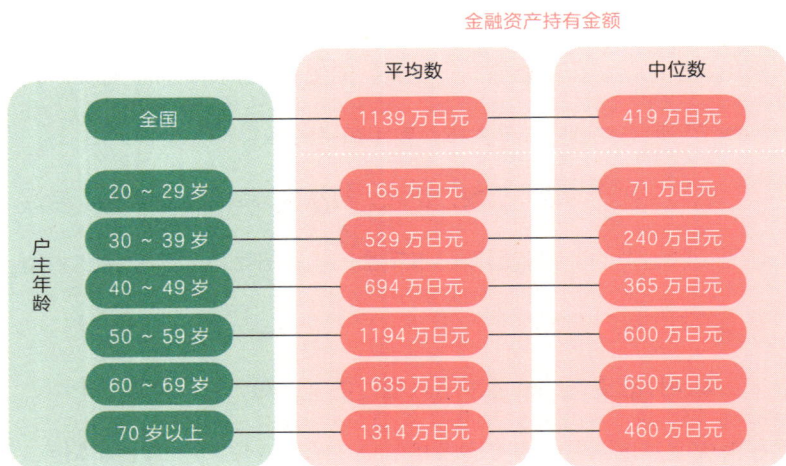

金融资产持有金额

户主年龄	平均数	中位数
全国	1139 万日元	419 万日元
20～29 岁	165 万日元	71 万日元
30～39 岁	529 万日元	240 万日元
40～49 岁	694 万日元	365 万日元
50～59 岁	1194 万日元	600 万日元
60～69 岁	1635 万日元	650 万日元
70 岁以上	1314 万日元	460 万日元

注：1. 调查对象：全日本的 8000 户家庭（户主年龄在 20 岁以上且至少有两名家庭成员，回收率为 40.3%）

2. 调查时间：2019 年 6 月 14 日—7 月 23 日

3. 平均数、中位数统计包含未持有金融资产的家庭户

数据出处：日本金融服务信息中央委员会《关于家庭财务行为的民意调查》【调查两人以上家庭户】（2019 年）

平均数和中位数都随着户主年龄的增加而增加，在户主70岁以上时降低，这是为什么呢？此外，各个年龄段的平均数和中位数都相差较大。平均值更高可能是出于什么原因呢？

↑　"平均数"和"中位数"相差很大，想象一下这种情况在直方图中会表现出什么形状吧。

★ 为什么平均数与中位数间相差很大？

左页中是按户主年龄段划分的家庭户（参考"词汇拓展"）的金融资产持有金额。"金融资产"可以简单理解为储蓄。

从表中能看出平均数和中位数间都存在较大差距。这种现象意味着什么呢？

大部分成年人都为平均数之高而感到震惊，少部分富裕家庭持有巨额的储蓄，从而大幅拉升了平均数。公布本数据的日本金融服务信息中央委员会之所以除平均数外还公布了中位数，可能就是因为许多人会误认为平均数就是正中间吧。

打个极端的比方，10 个人中 9 个人没有存款，而 1 人有 1 亿日元存款，则平均数是 1000 万日元，中位数为 0。这份数据中就有类似的情况。贫富差距在日本是一个社会问题，从这份数据中也能看出少部分富裕家庭拥有巨额的储蓄。

词汇拓展

家庭户

在日本，"家庭户"指的是"居住一处、共同维持生计的集体，或独立谋生的个人"。比方说，假如你与父母和弟弟住在同一个地方，你们就是"四人家庭户"。如果你开始独居，就成了"一人家庭户"。

第 4 章

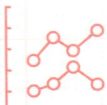

9

电视频道的收视率是怎么得到的?

要得到电视频道的收视率并不需要调查所有家庭户的电视上都在播放什么节目。现实中的做法是先对部分家庭户的抽样调查,然后在统计学层面上对总体趋势进行估计。

↑ 运用统计学知识,即便不一一调查整个群体,也能把握住整体的趋势。

★ 不调查全体，也能用统计学估计结果

有时大家会讨论起某部电视剧的收视率是百分之多少。

收视率是体现拥有电视的家庭户中，有百分之几的人正在观看某个节目的估计值，那它究竟是如何调查得到的呢？

恐怕鲜有人有过"有人来我家调查收视率"的经历。因为关东（东京都及周边六县）地区共有约 1850 万家庭户，但接受收视率调查的却仅有 2700 户。

"数量这么少，能得到准确结果吗？"或许有人会这么问，收视率运用了统计学方法，从部分数据中估计出整体的趋势。由于没有调查全部家庭，当然会有一定误差，但可以得到一个大致的趋势。

如果调查对象有偏向，例如高龄人士偏多、独居男士偏多，就无法掌握整体趋势，因此在选择调查对象时，要考虑到统计学层面的平衡。然后，通过对部分家庭户的抽样调查，就可以估计整体趋势。

调查了多少家庭户？

被选为收视率调查对象的比例相当低！户数少的地区为 200 户

TIPS

从调查收视率的日本收视率调查公司处可知，2020 年 11 月时，在全国 27 个地区中，调查户数最少的地区仅调查 200 户。

调查地区	调查户数
关东地区	2700
关西地区	1200
名古屋地区	600
北九州地区、札幌地区	400
仙台、广岛等 22 个地区	200

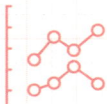

10

就算查不到数据也不要马上气馁

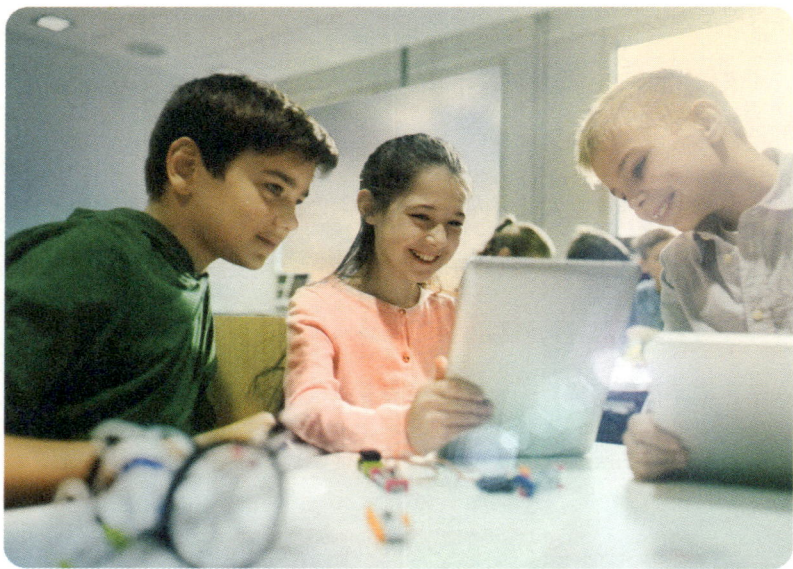

使用电脑能查到各种各样的统计数据，但并不总能马上查到。使出浑身解数去找数据吧，或许到图书馆查询纸质书就能找到呢。

统计学不只需要数学方面的能力，也需要坚持不懈进行调查的顽强精神！

★ 不要马上气馁，耐心地查找吧

如今，大多数事情都能在网络上查到。想调查什么事时，我们会首先在网上查找数据。当没有立刻查到数据时，一定要耐心查找。

随手搜索却没搜到结果时，不妨改变搜索关键词多试几次。只是稍微更改一下搜索用的关键词，搜索结果就会改变。许多时候，可以用这种方式逐步找到自己想要的统计数据。

改变关键词依然查不到结果时，可以试着询问可能会知道的朋友或父母、姊妹、老师，以及周围的其他人，说不定能得到一些启发。

此外，像班级同学的平均身高或平均睡眠时长这些明显不可能在网上找到的统计数据，可以考虑运用第三章讲解过的 PPDAC 循环，自己动手收集统计数据。

小学生与初中生的平均睡眠时长

TIPS

小学生的平均睡眠时长为 8 小时 53 分钟

日本人的平均睡眠时长为 465 分钟（7 小时 45 分钟）。其中，小学生为 533 分钟（8 小时 53 分钟），而初中生为 486 分钟（8 小时 6 分钟）。

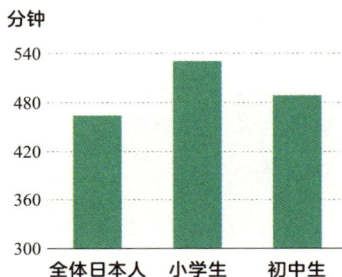

分钟

| 540 |
| 480 |
| 420 |
| 360 |
| 300 |

全体日本人　小学生　初中生

数据出处：日本总务省统计局《2016 年社会生活基本情况调查》

万众瞩目的"数据科学家"

你听说过"数据科学家"这种工作岗位吗？

简单来说，其工作内容是对大量数据进行分析，并将所得结果应用在业务中。这是需要统计学方面的知识与意识的一项工作。

例如，他们会分析在网络店铺中购买产品的人的各种数据，如性别、年龄、爱好等，再提出方案，如"顾客中有许多 20 多岁的女性，所以应该增加面向她们的产品"；或是分析人们在网络上浏览网页的趋势，向其显示适配的广告内容；还会应用和分析这些大量的数据（大数据），从而对将来进行预测。

除了统计学方面的能力，用于整理、分析数据的编程能力也是数据科学家所必需的。

据说目前，日本的企业中数据科学家处于稀缺状态。企业为了招揽优秀的数据科学家，不惜开出超高额的薪资，因此有部分人的薪资甚至与职业运动员差不多。

第 5 章

当心被骗！

数据里是

有陷阱的！

1

当心图表欺骗你！① 要注意纵轴的选取区间

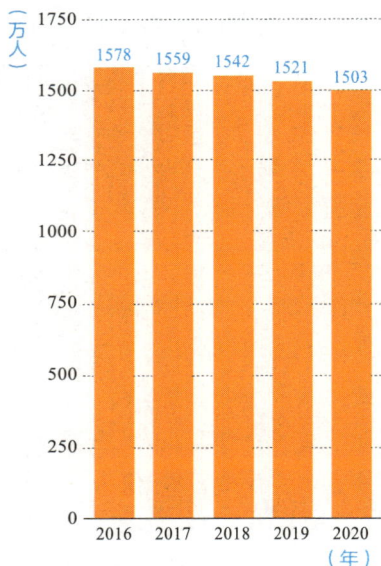

左右两边是一样的图吗？

数据出处：日本总务省统计局《人口统计》

上面两幅图都以条形图表示了日本不满15岁的人口（除2020年的数据为推测值外，其他均为每年10月1日时统计）。从右侧的图看，图形发生了大幅度降低。明明数据相同，但不同的纵轴选取方式能大大改变图形给人的印象。

注意看纵轴的选取区间！
纵轴选取的区间不同，图表给人的印象也不同！

★ 坐标轴的选取区间会改变图表给人的印象

不同的制图方式会大大改变图形给人的印象。可以比较一下左页中的两幅图。两张图都是表示日本的儿童（不满 15 岁）人口的条形图。

与左图相比，右图看上去减少的幅度更大，可两幅图中的数据其实完全相同。

仔细观察两幅图，纵轴的选取区间区别很大。左图的纵轴起始点为"0 人"，而右图的纵轴起始点却为"1500 万人"。只改变纵轴的选取方式，就能大大改变图给人的印象。

反之，如果制图时不想让人关注人口减少则采用左图，而想要强调人口减少则采用右图。

不要只凭第一印象判断条形图。如果不注意纵轴的选取区间，可能会产生误解，一定要注意检查纵轴的情况。

日本 65 岁以上老年人的变化情况

2020 年 10 月 1 日时日本的老年人口为 3619 万人

在少子老龄化日益严重的日本，15 岁以下人口减少的同时，65 岁以上的老年人口则在逐年增加，2020 年 10 月 1 日时为 3619 万人（推测值）。

（万人）

年	万人
2016	3450
2017	3520
2018	3560
2019	3590
2020	3619

3600
3400
3200
3000

2016 2017 2018 2019 2020
（年）

数据出处：日本总务省统计局《人口统计》

2

当心图表欺骗你！② 扭曲的图表

不同年龄段的惩戒处分人数

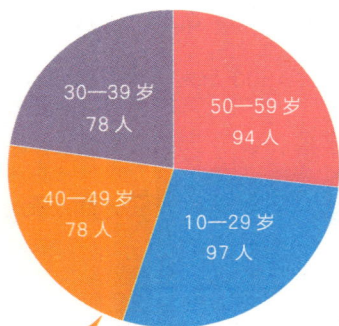

左右两边是一样的图吗？

30—39岁
78人

50—59岁
94人

40—49岁
78人

10—29岁
97人

正确的饼图

30—39岁
78人

50—59岁
94人

40—49岁
78人

10—29岁
97人

令人误解的饼图

这是参考电视节目中实际使用过的饼图而制作的饼图。通过刻意地大幅移动饼图的圆心，图中"10—29岁"部分面积显得更大。

↑ 为了强调特定的内容而扭曲图表是常见的招数，注意不要被表象给骗了！

★ 要注意被改变形状的图表

左页中的右图重现了一个报道年轻人负面事件的电视节目中所使用的图表。

乍一看，你会不会想："10—29岁的卷入负面事件的人可真多啊。"

然而这时一定要留心。饼图的中心大幅偏离了真正的圆心。恐怕是为了让"10—29岁"部分面积显得更大而特意作出了调整。

此外，"30—39岁""40—49岁""50—59岁"都是按照10年为分组进行划分，而"10—19岁"和"20—29岁"却被合并成了"10—29岁"。进一步说，由于每个年龄段的人口数量不同，展示"各年龄段的人数占比"或许更加妥当。

这个节目的主题是"年轻人的负面事件"，所以或许想让年轻人的负面事件显得尽可能多一些。而观看时就务必要注意，一不留神就可能会被误导（参考"词汇拓展"）。

词汇拓展

误导

指试图欺骗他人、试图引起误解或诱导他人做出错误判断的行为。将图表的形状改得更符合自己的论点、在网上散布不实信息（虚假信息）就是典型的误导行为。广告中就经常出现这种图表，一定要多加注意。

3

当心图表欺骗你！③ 运用了远近法的图表

成果证明

不在同一数量级的录取成果
就是我们 ×× 预备学校的自信。

东京大学

**2015—2017 年度
入学考试录取成果**

本录取结果只统计2015—2017学年，在××预备学校集团下属机构就读的学生和参加课程的学生通过入学考试的总人数，不包括只参加模拟考试的学生。

1244名

1139名

1290名

广告中不仅会美化图表，也常常会为了掩盖不适宜的数据而对图表进行变形。正如这幅图，我们如果不看数字，会有东京大学录取人数大幅增长的印象。

↑ 运用了远近法的图表中，很可能存在着想夸张的点或是想掩盖的事实！

★ 不要只看图表形状，还要仔细查看数字

为了掩盖不利于自己的事实，成年人会使出各种手段。左页中重现了某个补习班的广告中使用的图表。图表展示的据说是日本最难考的东京大学（东大）的录取成果。

乍一看，被东京大学录取的人数似乎在稳步增长，但请认真看一看。真实数字为 2015 年 1244 人→2016 年 1139 人→2017 年 1290 人。相比 2015 年，2016 年的东京大学录取人数有所减少。

补习班想招揽新的学生，声称东京大学录取人数逐年增加会更为有利，因此希望模糊掉 2016 年录取人数减少的事实。然而他们不能在广告中刊载虚假数字，那样会违反《特定商业交易法》（日本的法律）。因此他们试图用远近法（参考"词汇拓展"）来掩盖录取人数减少的事实。给人以"上升"印象的黄色箭头也是一种巧妙的手法。

词汇拓展

远近法

是一种绘画技巧，当物体逐渐远离时，将其画得越来越小。例如，画一条宽度均一的马路时，会将近处画得较宽、远处画得较窄。看到使用了远近法的图时，记得不要仅凭外观来判断。

4

当心图表欺骗你！④ 双轴图

纸质出版物与电子出版物的销售额估计值

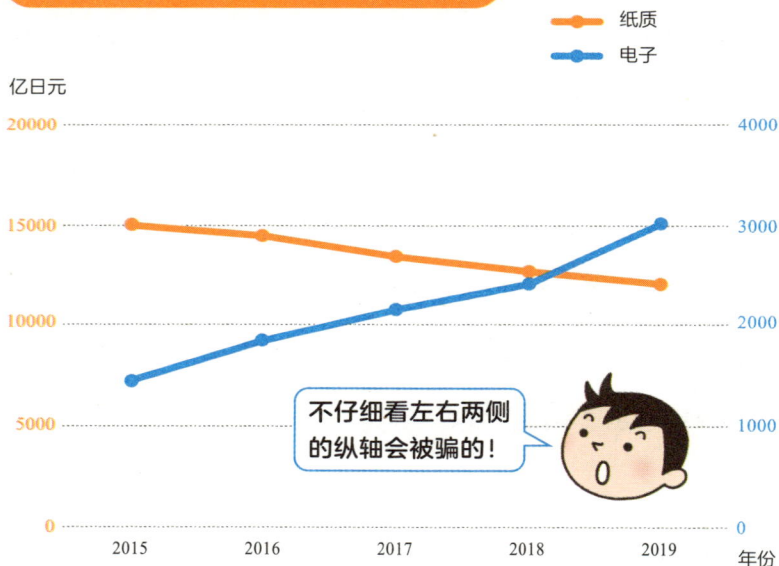

●━━● 纸质
●━━● 电子

亿日元

| 20000 | | | | | 4000 |

| 15000 | | | | | 3000 |

| 10000 | | | | | 2000 |

| 5000 | | | | | 1000 |

不仔细看左右两侧的纵轴会被骗的！

| 0 | | | | | 0 |

2015 　 2016 　 2017 　 2018 　 2019 　 年份

数据出处：日本全国出版协会、日本出版科学研究所

电子出版物销售额的上升幅度看起来比纸质书籍销售额的下降幅度更大，但不能只凭图的形状判断。左侧纵轴（纸质书）的一个刻度为5000亿日元，而右侧（电子出版物）的一个刻度为1000亿日元，足足相差5倍。

↑ 对于左右两侧都有纵轴的图不能只看图的形状！
要好好确认纵轴选取区间的区别。

★ 务必要好好检查左右两侧的纵轴

报纸杂志常会使用左右两侧都有纵轴的图表。这样能方便地在一幅图中看到变化情况，但稍不注意可能会产生错误的印象。

左页中的图表用折线图表示了纸质和电子出版物的销售额变化情况。从图中可以看出纸质出版物的销售额在持续下降，电子出版物的销售额则持续上升，逐年上升的电子出版物销售额似乎弥补了纸质出版物的减少。然而事实如何呢？

这时应该检查一下左右两侧的纵轴刻度。仔细观察能发现，左边对应纸质出版物的纵轴区间为"0 ~ 20000 亿日元"，而右边对应电子出版物的纵轴却是"0 ~ 4000 亿日元"。

统计图的周期内，电子出版物销售额增加了约 1500 亿日元，而纸质出版物却减少了约 3000 亿日元。电子出版物销售额的提升并未如图表中看上去那样弥补了纸质出版物销售额的下降。

唱片光盘的生产额变化情况

唱片光盘的生产额在持续降低

书籍的销售额在持续降低。同样地，唱片光盘的生产额也在持续降低。想想看，这背后的原因是什么呢？

（亿日元）

数据出处：一般社团法人日本唱片协会

当心图表欺骗你！⑤ 立体图

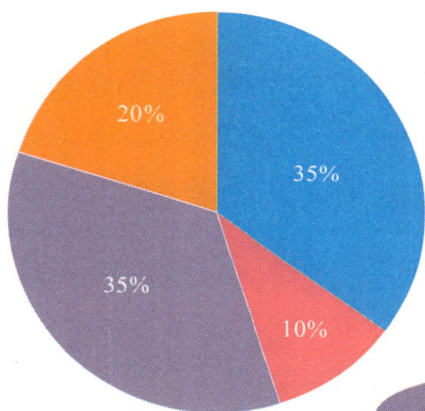

给人的印象好像不一样呢

使人误解的饼图

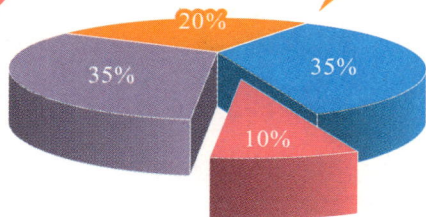

正确的饼图

通过将图表立体化，会改变橙色的20%的部分与红色的10%的部分视觉上的平衡，乍一看红色的10%反而更加醒目。许多图会以这种方式掩盖不想让人发现的信息。

⬆ 立体的图可能另有目的！注意养成在想象中将立体图还原为平面图的习惯！

★ 将饼图立体化会改变图给人的印象

通过对图进行立体（3D，参考"词汇拓展"）化处理，能让图看起来很酷。然而，图表的最大目的是正确地体现数据，如果只是看起来很酷，却不能正确地体现数据，那就不是合格的图表。

一个常见的例子是立体饼图。将饼图立体化，让其发生倾斜，能够显著改变数据给人的印象。广告中就经常有利用这种效果的立体饼图。

例如，左页中的两幅饼图是根据同一组数据制作的。请观察右侧的"使人误解的饼图"。红色（10%）的部分看起来是否像橙色（20%）的一半呢？你应该能注意到，右图与左侧"正确的饼图"给人的印象大不相同。

想体现正确的数据时，不能将图立体化。而看到立体化的图时，应该在看图时思考"为什么要特地将图立体化？"。

词汇拓展

3D

3D 中的"D"是表示"维度"的英语单词 Dimension 的缩写，表示空间的延展方向的数量。简单来说，"线"是一维（1D），"面"是二维（2D），而立体则是三维（3D）。

一维（线）

二维（面）

三维（立体）
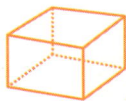

6

要核实数据究竟是由谁公布的

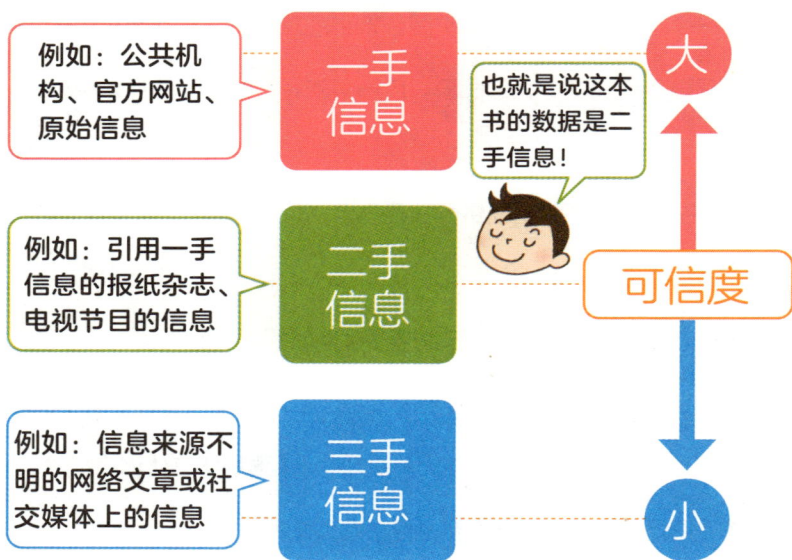

例如：公共机构、官方网站、原始信息

一手信息

也就是说这本书的数据是二手信息！

例如：引用一手信息的报纸杂志、电视节目的信息

二手信息

可信度

大

小

例如：信息来源不明的网络文章或社交媒体上的信息

三手信息

调查统计数据时要寻找一手信息是一条铁律。报纸杂志和电视节目都有可能错误地传达一手信息。尤其要对网络上的信息保持警惕，其中可能会有许多谣言或虚假信息，要养成检查信息来源的习惯。

⬆ 注意养成求证信息是"一手""二手"还是"三手"的习惯！
进行调查时多找找"一手信息"吧！

★ "一手信息"是最值得信任的

调查统计数据时，查证信息的出处（参考"词汇拓展"）及来源对象是非常重要的。

打比方说，假如想查询东京都的人口，最可靠的是查找由东京都公布的官方统计数据。这种由公共机构或数据的信息来源所公布的信息被称为"一手信息"。

根据东京都公布的数据（一手信息）编辑而成的信息被称为"二手信息"。这种情况下，按照规定，必须明确标明作为出处的一手信息。二手信息有时是为了便于理解而对一手信息进行解释和说明，但也可能包含基于提供信息者个人想法的偏颇解释或是对一手信息的引用错误，因此不能全盘接收，必要时应该追溯一手信息。

提供者不明或没有出处的信息被称为"三手信息"。三手信息很有可能是谣言或虚假信息，所以应当更为仔细地鉴别真假。

词汇拓展

出处

指作为所引用文字或数据的来源的参考文献，有时也可以写作"来源"或"引用源"。只要遵守标明"出处"等引用的规则，就允许从其他的文献书籍中引用片段。注意，不标明出处的引用是违反《著作权法》的。

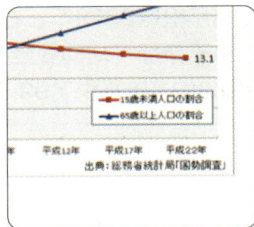

7

注意数据是什么时候采集的

到访日本的外籍人士数量

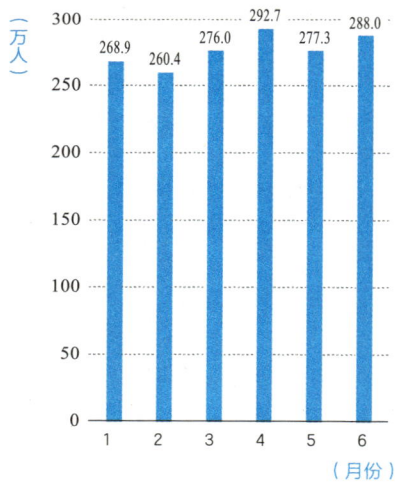

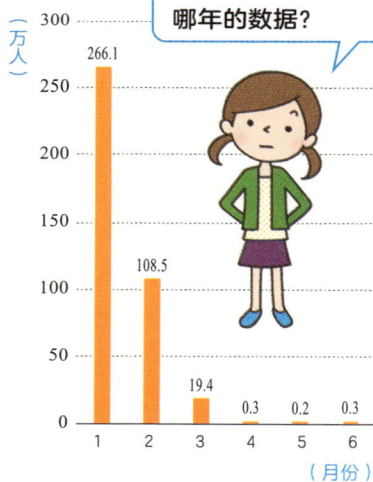

（万人）

左图数据：

月份	数值
1	268.9
2	260.4
3	276.0
4	292.7
5	277.3
6	288.0

右图数据：

月份	数值
1	266.1
2	108.5
3	19.4
4	0.3
5	0.2
6	0.3

虽然知道这是1—6月的数据，但这是哪年的数据？

（月份）

数据出处：日本政府旅游局（JNTO）

左侧是根据2019年、右侧则是根据2020年的数据制成的图表。2020年由于新冠疫情的蔓延，到访日本的外籍人口数量急剧减少，4月之后相比2019年减少了99.9%。

↑ 不知道是何时统计的数据是无法使用的！
要时刻注意查证这是"何时"的数据！

★ 数据不是想了解的时间段内的就没有意义

人们常说"数据的保质期很短"，因为数据会随时间推移而发生变化。如果想知道现在的身高，调查三年前的身高数据并无意义；反之，如果想知道三年前的身高，调查现在的身高也没有意义。调查统计数据时，一定要注意查证数据是"何时"得到的。

左页中两幅图都表示的是 1—6 月"到访日本的外籍人口数量"。两图中 1 月的数据都约为 260 万人，最大区别则是右图自 2 月以后数字急剧下降。

其实左图是 2019 年、右图则是 2020 年的情况。2020 年 2 月后，由于世界范围内的新冠疫情大流行，外籍人士无法到访日本，致使访日外籍人口骤然减少。

数据的保质期有时很短，使用过时的数据，就无法正确地体现当前情况。不要忘记查证数据是"何时"获得的。

访日外籍人口的变化情况

虽然 2019 年的访日外籍人口高达 3188 万人……

2019 年的访日外籍人口达到了历史最高的 3188 万人。然而，2020 年的新冠疫情使人们无法进行世界范围内的国际旅行，造成访日外籍人口急剧减少。

数据出处：日本政府旅游局（JNTO）※2020 年数据为 1 月至 9 月的数据

8

养成厘清"定义"的习惯

什么是定义？ 以语言明确地将事物的含义及内容与其他事物区别开

完全失业率
↳ **定义** 劳动力人口中完全失业者的占比

> 虽然挺复杂，但知道了定义就全都明白了！

劳动力人口
↳ **定义** 正在工作的人（从业者）+停止工作的人（休业者）+完全失业者

完全失业者
↳ **定义** 没有工作岗位，什么工作也做不了，如果有工作岗位能立刻就职，正在找工作或准备创业的人

> 15岁以上没有在做兼职工作的学生、家庭主妇和老年人等都是"非劳动人口"哦！

统计学中所使用的词都有明确的定义。如果不知道含义，就无法正确理解统计数据。遇到没见过或心想"这是什么意思呀"的词，一定要注意查证它的定义。

↑ 假如不理解统计学中所用词的定义就无法正确理解统计数据！

★ 不了解定义就无法正确理解内容！

我们常常能听到"失业率"这个词。日本总务省统计局每月都会在"劳动力调查"这项统计调查中公布失业率。虽然知道它表示的是失业者的占比，但深入思考就会冒出种种疑问："退休的老年人是失业者吗？""不工作的小学生是失业者吗？"

我们一般提到失业率指的是"完全失业率"。完全失业率是指有劳动能力与意愿但没有劳动岗位对象的比例。在日本，完全失业率被定义为"15岁以上有劳动意愿的人（劳动力人口：参考"词汇拓展"）中目前想找工作却无法就职的人（完全失业者）的比例"。只要理解这个定义，就能明确知道不满15岁的小学生和没找工作的老年人都不在劳动力人口的范围内，因而不属于失业者。

如果调查统计数据时碰到了不理解的词汇，就查一查它的定义吧。

词汇拓展

劳动力人口

指的是既有劳动意愿也有劳动能力的15岁以上的人，是"就业者（从业者＋休业者）"与"完全失业者"的总和。非劳动力人口则包含家庭主妇及老年人等群体。小学生尚不满15岁，既不属于劳动人口也不属于非劳动人口。

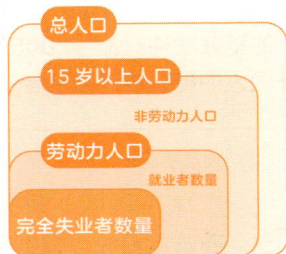

9

时刻警惕自己陷入想当然

访日外籍人士犯罪案件处理数量（左侧纵轴）　　访日外籍人数（右侧纵轴）

（件）　　　　　　　　　　　　　　　　　　　　　　　　　（万人）

数据出处：日本警察厅《2020年版警察白皮书》、日本政府旅游局（JNTO）

自2003年至2019年，访日外籍人士的数量上升了5倍，而访日外籍人士的犯罪案件数量与2005年的峰值相比却有大幅减少。假如曾经觉得外国人的犯罪数量肯定会升高，现在该知道这只是想当然。

↑　通过查看统计数据可以发现自己心中那些错误其实是想当然！

★ 运用统计数据了解真实情况吧！

看到"外国人实施了盗窃"这种新闻，容易产生外国人里有许多坏人的印象。或许也是因为外国人实施的案件比日本人更容易令人记住。

在 2020 年之前，来访日本的外国人数量在逐年增加。由于见到外国人的机会变多，恐怕不少人会认为外籍入境游客（Inbound：参考"词汇拓展"）变多，所以外国人的犯罪数量肯定也在增加。

那么外国人的犯罪数量是否真的增加了呢？左页中是日本警察厅公布的《访日外籍人士犯罪案件处理数量的变化情况》。其实过去几年中，外国人的犯罪数量是大幅减少的。

把这个事实告诉父母，或许会令他们很惊讶。世上有许多与真实情况不一致的想当然。要时刻质疑自己："或许这是我的'想当然'呢？"为了了解真实情况，去查询相关的统计数据吧。

词汇拓展

入境游、入境游客（Inbound）

指的是外国人访问本国的旅游，或到访本国的外国游客。在日本说到"Inbound"时，指的就是外籍人士的访日旅游和外籍访日游客。相对应地，本国人访问海外的旅游和进行海外旅游的游客称为"Outbound（出境游、出境游客）"。

10

理解相关关系与因果关系的区别

相关关系

Ⓐ 读书数量更多的学生

↕ A 与 B 之间好像有关联！

Ⓑ 汉字考试分数更高

因果关系

〇 Ⓐ 因为读书数量更多
→ Ⓑ 所以汉字考试分数更高

✕ Ⓑ 因为汉字考试分数更高
→ Ⓐ 所以读书数量更多

因果关系正如其字面意思，指先有"因"才有"果"的关系。

如上图所示，在相关关系中，具有原因和结果的作用关系是因果关系。即是说，有因果关系就一定有相关关系；然而有相关关系，却并不一定有因果关系。

↑ 即便两种元素间有相关关系，可只有"因为……才会……"的情况才能认为它们有因果关系！

★ 一定要认真辨别事物间的关系

在查阅分析统计数据时，理解相关关系与因果关系的区别是非常重要的。让我们好好来辨析一下这两个词的区别。

相关关系指的是对于某主体（人或物）的两种属性来说，其数据存在"A 更大则 B 也更大"的关系。

例如，在调查"读书数量"与"汉字考试分数"的关系时，当发现读书数量更多则汉字考试分数更高的趋势时，可以说这两者之间存在相关关系。

而因果关系是指两者中一者为原因、一者为结果的关系。例如，因为读书更多（原因）所以汉字考试分数更高（结果），可以说两者间有因果关系。而因为汉字考试分数更高，所以读书更多不成立，因此不存在因果关系。只有存在"因为……才会……"时，才有因果关系，因此存在相关关系不意味着一定存在因果关系。

词汇拓展

负相关

相关关系是"A 更大则 B 也更大"的关系，而"A 更大则 B 更小"的关系称为"负相关"。相应地，也可以将"相关关系"称为"正相关"。顺带一提，A 与 B 之间没有关联、分别变化的情况称为"不相关"。

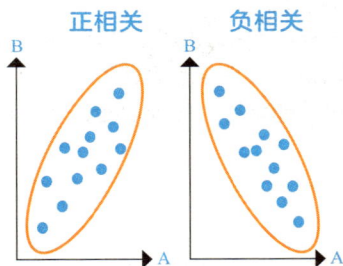

正相关　　负相关

11

混淆相关关系与因果关系可大大不妙

"汉字考试分数"与"读书数量"的关系

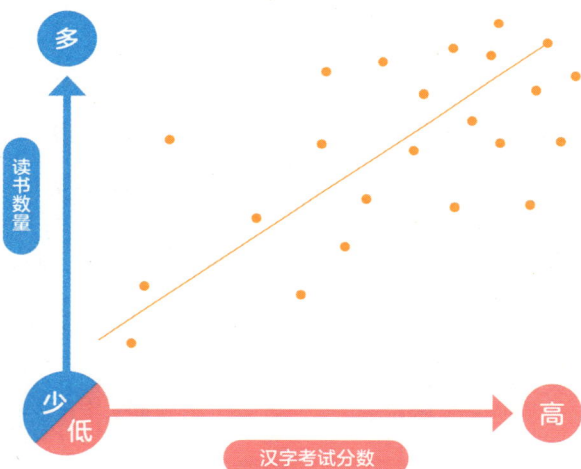

读书数量

多

少 低 汉字考试分数 高

为了提高读书的数量，我要好好学习汉字！

好好学习汉字为什么会提高读书数量啊？

明明事实是"读书数量更多所以汉字考试分数更高"，但因果关系提取错误，说不定就会理解成"为了增加读书数量而努力学习汉字"而做出可笑的举动。仔细思考，从而正确地把握事物间的因果关系吧。

↑ 不要错误地提取因果关系！犯错的话可能就无法理解数据所体现的真正含义！

★ 必须仔细思考是否存在因果关系

第 112 页中讲解了相关关系和因果关系间的区别，因为假如不了解它们间的区别，就无法正确地解读数据。

左页中的散点图是对"汉字考试分数"和"读书数量"的调查结果。春菜的父母总要求她多读书，她却总提不起劲。烦恼的她看到这张散点图时，心想："如果我汉字考试考得好，读书数量或许就会增加！"于是她开始努力学习汉字。

可是，"提高汉字成绩，读书数量也会增加"这种想法是对的吗？宏斗的想法是："正好相反。因为读书更多，就能认识更多的汉字，从而提高汉字成绩，这样想才更自然吧！"

数据的确可能令人产生像春菜那样的理解方式。然而只要稍加思考，就会发现宏斗的想法更为合理。如果像春菜那样，没有正确提取因果关系，就无法正确理解图表的含义。

你认为人最该读书的时期是什么时期呢

大约四成人认为是"十几岁时"

根据日本文化厅对 16 岁以上的男性与女性进行的《2018 年度有关日语的民意调查》，认为最该读书的是"十几岁时"的人占压倒性比重，而其次是"九岁以下"。

九岁以下	18.8%
十几岁	40.7%
二十几岁	8.7%
三十几岁	2.1%
四十岁以上	3.8%
随时都该读，与年龄无关	21.8%
感觉没有这种时期	3.3%
不清楚	0.9%

数据出处：根据日本文化厅《2018 年度有关日语的民意调查》汇编整理 ※ 由于数据进行过四舍五入，总和不为 100%。

● Kids'Stat~来查询统计数据吧~

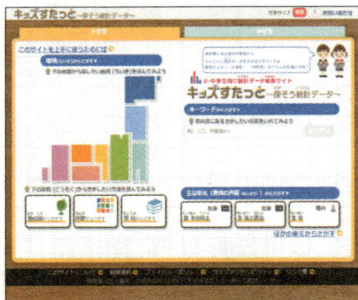

小学生可以根据社会、科学课本，而初中生可根据地理、历史、公民、科学课本上的关键词或单元名，很容易地在这个网站上查询统计数据。

● 统计仪表板

由日本总务省统计局创建的网站，旨在提高人们解读统计数据的能力，促进统计数据的应用。能以图表形式查看大部分日本政府与私营公司公布的统计数据。

● e-Stat

具备包括统计搜索在内的各种功能的政府统计数据门户网站，汇集了各地区公布的统计数据。

对统计有帮助的网站 ②

● **原来如此统计学园**

日本总务省统计局为小学生和初中生开设的统计学习网站。由"寻找、使用并制作""学习与了解""熟悉""玩游戏""放学后"五部分内容构成。

● **数据科学学校**

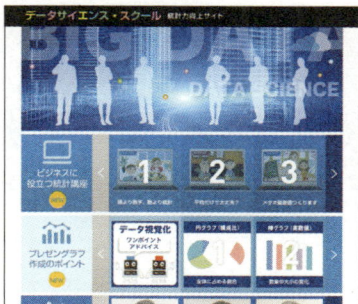

可以在电脑或手机上轻松学习的在线统计课程网站。它主要面向已经工作的成年人，但假如你想成为一名数据科学家，这里值得一看。

● **面向小学生的统计学习网"来学统计吧"**

由东京都总务局统计部设立的面向小学四至六年级学生的统计学习网站。网站里有动画、解谜等内容，可以轻松快乐地学习统计。